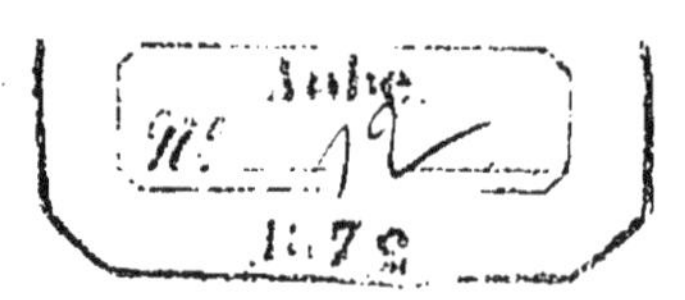

DU BESOIN

QU'A

LA FRANCE

D'UNE

RÉGÉNÉRATION

RELIGIEUSE ET MORALE, POLITIQUE ET SOCIALE

TROYES, IMPRIMERIE BRUNARD, RUE URBAIN IV, 85

DU BESOIN

QU'A

LA FRANCE

D'UNE

RÉGÉNÉRATION

RELIGIEUSE ET MORALE, POLITIQUE ET SOCIALE

PAR UN PASSANT

Instaurare omnia in Christo.
EPH., I, 10.
Non est in alio aliquo salus.
ACT., IV, 12.
Tout restaurer en Jésus-Christ.
Il n'y a de salut qu'en lui.

« Dans un temps de dissolution, le premier devoir qu'on a à remplir envers son pays, c'est de l'aider à se reconstruire. »
M. ANCELOT, *Eloge académique de M. de Bonald.*

C'est l'heure, ou jamais, de se dire à soi-même et à la France les vérités qu'il faut que tous entendent.
Mgr DUPANLOUP.

PARIS

CHARLES DOUNIOL, LIBRAIRE

29, rue de Tournon, 29

1872

PRÉFACE

Lorsqu'une grande épidémie, ou même une épizootie, ou bien encore une prodigieuse multiplication d'insectes destructeurs ravage une province, un Etat, désole les villes et les campagnes, quiconque possède ou croit avoir quelque connaissance utile, doit s'empresser d'en faire part à ses concitoyens, afin d'arrêter, s'il est possible, ou tout au moins d'atténuer, d'enrayer les désastres du fléau.

Le médecin cherche donc dans ses livres, le vétérinaire dans les siens, l'agriculteur instruit demande aux ouvrages qu'il possède des moyens de combattre le mal, d'en diminuer les ravages, et, si cela est possible, d'en arrêter le cours et de le faire cesser.

Hélas! depuis déjà bien des années, depuis plus de quatre-vingts ans, la France est désolée, ravagée par une épidémie intellectuelle, politique et morale qui tue les âmes et les corps par millions, qui la couvre de deuil, de sang et de ruines et qui fait d'elle constamment comme un vaste cimetière, comme une immense nécropole. Le sombre abîme s'est ouvert. Satan, ou le génie de l'erreur et du crime, en est sorti. Il a soufflé partout, dans presque toutes les têtes, l'esprit de rébellion contre Dieu, contre l'Eglise et contre tout pouvoir social. Il a attaqué partout et l'autel et le trône ; il a ébranlé les fondements de toute société ; et, inspiré par lui, le Français s'est écrié : « Je n'obéirai » plus ni à Dieu ni au roi, ni aux préceptes divins, ni » même aux lois humaines, *non serviam* (1). Nul n'a » droit de me commander. J'ai des droits et point de » devoirs ! Je ne dépends de personne, et ne connais » point de maître, *quis noster dominus est* (2)? »

Et qu'est-il résulté de cette insurrection impie et sacrilége contre Dieu même ?

Ecoutons ce qu'en disait, en 1823, le Tertullien de notre siècle :

« Il existait, il y a trente ans, une nation gouvernée par une race antique de rois, d'après une constitution la plus parfaite qui fût jamais, et selon des lois qu'on aurait pu croire, à plus juste titre que celles des anciens Romains, descendues du ciel, tant elles étaient sages, pures, bienfaisantes et favorables à l'humanité. Cette nation, célèbre par sa franchise, sa douceur et ses lumières, par son amour pour ses souverains et pour la

(1) Jérém., II, 20.
(2) Ps., XI, 5.

religion, à qui elle devait quatorze siècles de gloire et de bonheur, fleurissait en paix au milieu de l'Europe dont elle excitait l'envie et dont elle faisait l'ornement par la beauté de sa législation, par la noble politesse de ses mœurs et par les éclatants chefs-d'œuvre de tout genre dont les lettres, les sciences et les arts l'avaient enrichie de concert. Heureuse au dedans, respectée au dehors, sa renommée, partout répandue, lui attirait les hommages des plus lointaines contrées ; et l'univers admirait en elle la reine de la civilisation.

» Tel était le peuple que Dieu choisit pour donner au genre humain une grande et terrible leçon.

» Tout-à-coup, à la voix de quelques sophistes, de nouvelles opinions, de nouveaux désirs s'imposent à ce peuple égaré. Il se dégoûte de ses croyances et des doctrines tutélaires qui l'avaient élevé si haut... Il veut sortir de sa condition, et devenir semblable à Dieu... Et Dieu est traité en ennemi ; sa religion est proscrite, ses ministres, ses biens, les institutions, les usages, les noms même qu'elle avait consacrés, en un mot tout ce qui rappelle le Dieu ennemi doit périr, tout, et jusqu'à ses temples, et jusqu'à ses images !..... La raison humaine le remplace ; on proclame sa divinité ; et ses autels sont des ruines, ses hymnes des chants de proscription, ses prêtres des bourreaux, son culte est la mort ; et le néant, l'espérance de ses adorateurs.

» Alors, sur les débris de l'autel et du trône, sur

les ossements du prêtre et du souverain, commença le règne de la force, de la haine et de la terreur : effroyable accomplissement de cette prophétie : « Un » peuple entier se ruera homme contre homme, voisin » contre voisin ; et, avec un grand tumulte, l'enfant se » lèvera contre le vieillard, la populace contre les » grands, parce qu'ils ont opposé leur langue et leurs » inventions contre Dieu (1). » Pour peindre cette scène épouvantable de désordres et de forfaits, de dissolution et de carnage, cette orgie de doctrines, ce choc confus de tous les intérêts et de toutes les passions, ce mélange de proscriptions et de fêtes impures, ces cris de blasphèmes, ces chants sinistres, ce bruit sourd et continu du marteau qui démolit, de la hache qui frappe les victimes, ces détonations terribles et ces rugissements de joie, lugubre annonce d'un vaste massacre, ces cités veuves, ces rivières encombrées de cadavres, ces temples et ces villes en cendre, et le meurtre et la volupté, et les pleurs et le sang, il faudrait emprunter à l'enfer sa langue, comme quelques monstres lui empruntèrent ses fureurs. Les hommes ont donc été punis ; l'orgueil même ne peut le nier ; oui ! ils ont été punis, comme jamais les hommes ne le furent. Mais sont-ils corrigés ? Si je regarde autour de moi, je lis la révolte écrite sur des fronts cicatrisés par la foudre des vengeances divines. Si je prête l'oreille,

(1) Is., III, 5, 8.

j'entends des blasphèmes hautains et des ris moqueurs. Dieu est encore un scandale pour ceux qui avaient juré de l'anéantir. Et gardez-vous de penser qu'ils aient perdu l'espoir ou abandonné le dessein de le détrôner. S'il subsiste un reste de foi, si la terre est encore esclave de l'espérance, c'est qu'on a mal attaqué le ciel. Pleins de cette idée, ils rassemblent, sous nos yeux, et renouent les fils dispersés de leur vaste conjuration. Evoquant avec éclat, de la poussière du sépulcre, les premiers chefs de la guerre sacrilège qu'ils ont résolu de prolonger, ils se flattent que leurs spectres bouleverseront une seconde fois le monde ! Eh quoi ! n'est-ce donc pas assez de malheurs, assez de forfaits ? Et quelque insatiable qu'on puisse être de calamités et de crimes, ne devrait-on pas être rassasié ? Contemplez cette Europe, naguère si florissante, et maintenaut si profondément misérable, qu'on ne trouve, pour peindre ses douleurs, que ces expressions d'un prophète : « Toute sa tête n'est qu'une plaie, et son cœur qu'une » grande défaillance (1). » Heureuse encore, trop heureuse si cette défaillance ne dégénère pas en torpeur incurable, et ne la conduit pas insensiblement, après quelques nouvelles crises, au dernier sommeil (2). »

Hélas ! quelque terrible qu'ait été cette leçon, les

(1) Is., I, 5.

(2) Lamennais, *Essai sur l'Indifférence en matière de religion*, t. I, ch. X, p. 587, etc.

hommes, et surtout les Français, n'ont pas été corrigés. La terreur révolutionnaire a continué ses ravages ; et, quelques années plus tard, celui qui écrivait en 1823 la page éloquente qu'on vient de lire, publiait un ouvrage intitulé : *Les Progrès de la Révolution.*

Et, en effet, la Révolution poursuivait son cours dévastateur et menaçait la France d'une nouvelle inondation.

Les esprits attentifs et sérieux prévoyaient de nouveaux malheurs et apercevaient, comme ont dit, *des points noirs* se former encore à l'horizon.

L'un d'eux, M. de Bonald, écrivait : « Même après l'exemple de la France, il manque à l'Europe une dernière leçon. Malheur au peuple destiné à la lui donner (1) ! »

Hélas ! *le peuple destiné à donner à l'Europe cette seconde leçon,* c'était encore la France !

L'affreux torrent y déborda de nouveau en 1830. — Il renversa et emmena, pour la troisième fois, le trône des princes légitimes, emporta jusqu'à la dernière pierre de l'archevêché de Paris, menaça le pontife lui-même, envahit et dévasta quelques temples, renversa un grand nombre de croix, et couvrit la France d'une couche plus épaisse d'impiété.

En 1848, nouveau débordement ! mais, cette fois, le sang coule à flots dans les murs de Paris. Ses rues

(1) Œuvres de M. de Bonald, *Pensées diverses.*

sont jonchées de cadavres; nos généraux tombent sous les balles de l'insurrection, et le sang d'un courageux et dévoué pontife se mêle à celui des victimes de ces luttes fratricides.

Est-ce là tout? Sommes-nous au bout de nos crimes et de nos malheurs? Avons-nous bu alors la dernière goutte du calice d'amertume que la main vengeresse de Dieu nous présentait pour nous punir de nos iniquités? Avions-nous mis enfin le comble à nos péchés? et Dieu était-il apaisé, satisfait?

Non, évidemment non!

« Les fondements de toute société qui veut produire de grandes choses, dit un contemporain, doivent être Dieu et la famille, le droit et le respect.

» Or, qu'avons-nous fait depuis un siècle, et surtout en ces derniers temps, sinon nous éloigner de Dieu, détruire la famille, tuer le respect de soi-même et des autres; et, sous prétexte de défendre nos droits, abolir tout droit et fouler aux pieds tout devoir? Sous le règne désastreux de Napoléon III, la Révolution s'est de nouveau lancée dans une voie terrible, et nous a, en bien peu d'années, conduits dans cet abîme où nous roulons déchirés et meurtris (1). »

Des catastrophes épouvantables ont mis fin à ce

(1) M. H. Rohault de Fleury. —Vœu national au Sacré-Cœur.— Poitiers, 1871.

règne et ont conduit la France à deux doigts de sa perte. Une guerre follement entreprise, maladroitement commencée, inhabilement conduite, nous a ruinés, épuisés et précipités du haut rang que nous tenions en Europe. Puis la capitale a vu des scènes d'horreur et de carnage telles que le soleil n'en avait jamais éclairé. Ses plus beaux monuments ont été réduits en cendres. Ses temples les plus saints ont été spoliés, profanés ; son Archevêque et plus de trente de ses prêtres ont été fusillés ; ses tombeaux ont été violés. Tout ce que l'univers avait de plus immonde, de plus impur et de plus exécrable, était rassemblé dans ses murs et semait de toutes parts l'incendie et la mort. Et, encore une fois, on pût dire comme Laharpe le disait après la Révolution de 1793 : « Nous avons vu le génie du mal s'applaudissant d'avoir tout détruit comme autrefois le Créateur s'applaudissait d'avoir tout fait (1). »

Dans cette situation, la France ressemble à un vieux palais en ruine, qui est tout prêt à ensevelir sous ses décombres les imprudents qui osent seulement y pénétrer ; elle est ce que fut Lisbonne après l'affreux tremblement de terre qui faillit l'engloutir, elle et tous ses habitants. Elle est dans cet état dont le roi-prophète a dit : « Les nations ont été troublées, et les royaumes ont penché comme un mur qui perd

(1) Discours à l'Institut.

son aplomb (1). » Elle est dans ce que M. Ancelot appelle « un temps de dissolution. »

Ne nous étonnons pas que, dans ces graves circonstances, tous ceux de ses enfants qui l'aiment, regardent comme leur « premier devoir de l'aider à se reconstruire (2). »

Les uns, qui sont jeunes, vigoureux, pleins de sang, lui offrent ce sang pour la défendre, la protéger contre ses ennemis du dedans et du dehors ; et un grand nombre meurent pour elle sur les champs de batailles.

D'autres lui offrent le tribut de leurs veilles, de leurs études, de leurs méditations. Ils cherchent des remèdes à apporter à ses maux, un baume salutaire à verser dans ses plaies. Ils demandent à la science par quels moyens on pourrait empêcher de mourir cette mère chérie, par quels traitements bienfaisants on pourrait lui rendre la santé, la force, et lui donner encore de longs siècles de gloire, de paix et de bonheur.

De là les nombreux ouvrages qui ont paru de nos jours, et qui paraîtront encore dans le but patriotique et filial de signaler ses maux, d'en indiquer la nature, les causes et les remèdes.

A tous ces livres nous voulons en ajouter un.

(1) Ps., XLV, 7.
(2) M. Ancelot, *Éloge académique de M. de Bonald.*

Nous ne sommes pas, il est vrai, un politique ; et, puisqu'il s'agit ici des maladies, des maux d'un corps social, nous devons avouer, comme cet individu auquel, dans l'Ecriture, on propose le gouvernement, que « nous ne sommes pas médecin (1). »

Mais, dans le but d'être utile à notre bien-aimée patrie, nous avons compulsé et étudié, comme ce livre le prouvera, les ouvrages de grands et habiles médecins en fait de constitutions et de maladies sociales.

Qu'il nous suffise de nommer Bossuet *(Politique sacrée)*, Montesquieu *(Esprit des lois* et *Considérations sur les causes de la grandeur et de la décadence des Romains)*, de Bonald *(Œuvres diverses)*, Lamennais *(Essai sur l'indifférence en matière de religion)*, et Mgr Dupanloup *(les Alarmes de l'Episcopat* et *l'Athéisme ou le Péril social)*.

Voilà, certes, d'assez beaux noms et des hommes assez compétents dans la matière.

On comprend que Rousseau ne figure pas dans cette liste.

Ce n'est pas à celui dont les doctrines anti-religieuses et anti-sociales ont attiré, depuis un siècle, le déluge de malheurs dont la France est submergée et qui menace le monde entier ; ce n'est pas à celui qui a perdu le plus beau pays de la terre qu'il faut demander les moyens de le sauver, de le régénérer.

(1) Is., 3, 7.

Nous ne pouvons que lui dire anathème à lui et à sa politique. Lamennais l'a d'ailleurs victorieusement réfuté. Hélas! à l'instant même où nous écrivons ces lignes (le 28 mai 1871), les journaux et les lettres particulières nous apportent de Paris les nouvelles les plus navrantes. Nos yeux se mouillent de larmes à la lecture des horreurs sans pareilles dont cette ville est le théâtre. Jamais le monde n'a vu rien qui approche de la rage des démons déchaînés contre cette malheureuse ville. La plume tombe des mains, quand on veut les raconter, et l'avenir (s'il y a encore pour cette terre maudite un avenir) ne pourra pas le croire.

Et dire que ce sont là les œuvres de ces athées, de ces déistes, de ces libres-penseurs, de ces soi-disant philosophes qu'on a prônés, fêtés, choyés, couronnés de fleurs, auxquels on a érigé des statues, dont on a donné le nom à nos rues, à nos places, à nos quais, à nos boulevards, dont on a répandu et propagé les livres au prix des plus grands sacrifices et qui sont devenus les oracles de ce siècle dans les chaires universitaires, dans les Académies, dans les Chambres législatives et jusque sur les trônes!

« O ciel! à quels temps donc nous as-tu réservés? »

C'est pourtant dans ces tristes et douloureuses conjonctures que nous commençons ce travail. Pourrons-nous le continuer? Pourrons-nous l'achever? Hélas! nous l'ignorons, car qui sait, ce matin, ce qui sera ce soir? Qui sait aujourd'hui ce qui arrivera demain?

Mais quoi qu'il advienne, quoi qu'il arrive, tant que Dieu nous laissera la vie et la liberté, nous consacrerons l'une et l'autre à notre chère patrie. Et s'il nous faut mourir avant d'avoir achevé notre œuvre, du moins mourrons-nous, comme tant d'autres, en l'aimant et en voulant la servir dans la mesure de nos forces et selon nos moyens.

28 mai 1871.

DU BESOIN

QU'A

LA FRANCE

D'UNE

RÉGÉNÉRATION

RELIGIEUSE ET MORALE, POLITIQUE ET SOCIALE

I

ÉTAT ACTUEL DE LA FRANCE SOUS LE RAPPORT RELIGIEUX

Quand un médecin est appelé auprès d'un malade, son premier soin est de chercher la nature du mal dont ce malade est atteint; quand un architecte est chargé de réparer un édifice qui périclite et menace ruine, son premier devoir est d'examiner en quoi pé-che cet édifice, quelles sont les parties malades, et pourquoi elles le sont. Faisons comme ce médecin et comme cet architecte, et étudions tout d'abord l'état religieux moral, politique et social de la France. Examinons ses plaies sous ce quadruple rapport. Quand on aura lu ces chapitres, on comprendra mieux quel besoin a la France d'une *régénération*. Mieux on connait une maladie et mieux on sent aussi la nécessité d'un traitement curatif et de remèdes en rapport, en harmonie avec le mal.

Or, en quel état est la France, d'abord sous le rapport religieux?

Ici, ni dans les trois chapitres qui suivront, nous ne voulons pas, Dieu nous en garde! calomnier notre pays; nous ne voulons pas le dénigrer. Mais nous dirons la vérité et toute la vérité! Notre cœur souffrira des maux que nous signalerons, des plaies que nous révélerons; mais nous puiserons le courage dont nous avons besoin dans la conscience du but que nous voulons atteindre; et l'on nous pardonnera la franchise de notre langage en considération du motif qui nous inspire : le salut de notre chère et bien-aimée patrie.

Dans un autre chapitre, nous dirons pourquoi et comment une nation doit être religieuse. Dans celui-ci nous n'avons qu'à rechercher et à examiner si, comme nation d'abord et ensuite comme nation chrétienne et catholique, la France rend à Dieu le culte qu'elle doit lui rendre.

Il ne s'agit ici, on le voit, que des actes publics de religion. Nous ne voulons pas, comme dit un prophète, « percer le mur (1) », nous ne voulons pas sonder le secret des cœurs et pénétrer dans le fond, dans le sanctuaire des consciences et y chercher ce que

(1) Ezech., VIII, 8.

Dieu seul peut y lire, afin de tirer de là des griefs et des sujets d'accusation contre notre cher pays.

Mais nous devons dire que si, en France, le culte extérieur et public est presque nul, c'est que le culte intérieur l'est aussi. La vraie piété a besoin (et c'est pour elle une nécessité) de se révéler au dehors, de se manifester par des actes conformes. « Montrez, dit l'apôtre, montrez votre foi par vos œuvres (1) »; et le poète s'écrie :

« La foi qui n'agit pas est-ce une foi sincère ? (2). »

Or, la France (et ici j'entends non pas quelques femmes, non pas quelques hommes relativement peu nombreux, non pas quelques pays très-clair semés, mais l'ensemble, mais le gros de la nation), la France adore-t-elle un Dieu ? L'adore-t-elle comme les payens adoraient leurs divinités ? Lui offre-t-elle des sacrifices comme les payens en offraient à leurs dieux ? Voit-on à la tête de ses troupes, de ses légions, les images ou la croix de son Dieu, comme on voyait les images des faux dieux à la tête des légions romaines ? Dans les jours de triomphe et dans les jours de douleur et de calamités, se porte-t-elle en foule, en masse dans les temples, comme s'y portaient les Romains ? Et quand ses prêtres, prosternés « entre le vestibule et l'autel (3) » pleurent sur les malheurs publics et s'écrient avec larmes : « Pardonnez, pardonnez, Seigneur, à votre peuple (4). Qui donc, qui donc s'unit à eux ? Les

(1) Jacob, 2, 18.
(2) Racine, *Athalie*.
(3) Ezech., VIII, 16.
(4) Joel, II, 17.

voies de ses sanctuaires ne pleurent-elles pas, comme celles de Sion, de ce qu'on ne vient plus à leurs solennités (1) ?

Sous le futile prétexte du dogme politique, plus ou moins bien compris, de la *Liberté des cultes*, respecte-t-on les dimanches et les jours de grandes fêtes ainsi qu'on le devrait ? Ah ! nous avons, en ces jours augustes et vénérables, scandalisé, pendant la guerre de 1870 et 1871, les hérétiques eux-mêmes ! Oui, tous ces luthériens ont témoigné le plus grand étonnement et même de l'indignation à la vue des travaux que n'interrompent pas, chez nous, les fêtes les plus solennelles. La profanation des dimanches est le péché de tous : des grands et des petits, des riches et des pauvres, des maîtres et des serviteurs, des bourgeois et des ouvriers, des pères et mères et des enfants, des hommes et des femmes (pour la plupart), des jeunes gens et des vieillards.

Allez, dirons-nous aux profanateurs des dimanches et des fêtes, qui s'autorisent du principe de la liberté en matière de conscience pour abolir, par le travail, le commerce, les affaires et les plaisirs, les jours les plus sacrés, allez en Angleteterre, pays par excellence de liberté religieuse, allez à Londres, allez en Amérique, au Maryland, et voyez comment on y pratique le respect du dimanche, *ite ad insulas Cethim et videte* (2); voyez si l'on y foule aux pieds avec autant d'audace et d'impiété que chez nous ce précepte du décalogue :

(1) Thren., I, 4.
(2) Jérém., II, 10.

« Souviens-toi de sanctifier le jour du sabbat (1). »

Les impies du temps de David disaient (seulement dans leur cœur) : « Il n'y a point de Dieu (2). » Ils auraient rougi, ils auraient craint de *parler leur pensée*, et l'on sait ce qu'il en coûta à Socrate pour s'être fait soupçonner d'athéisme. Mais, de nos jours, l'impiété a dépouillé toute crainte, toute honte. Elle s'affiche au grand jour, et prêche sur tous les toits ses désolantes doctrines.

Au moyen de la presse, des livres, des revues, des journaux, des romans, des feuilletons, elle a dit, depuis quinze ans surtout, en mille manières et sous mille formes, que Dieu, que l'âme humaine, la vie future, le ciel, l'enfer ne sont que des hypothèses (3), des chimères ou des suppositions, « qu'il n'y a pas plus de Dieu dans le monde que d'âme dans l'homme (4) »; que « l'idée de Dieu est devenue aussi anarchique que rétrograde (5). » Le monde sans Dieu, l'homme sans âme, l'éducation sans croyances, la société sans religion, tel est le programme que se sont posé les libres penseurs de nos jours, conformément à l'épigraphe d'un livre publié en Hollande en 1866 ; *exstinctis Diis, exstincto Deo, successit humanitas*. Les dieux n'étant plus, Dieu n'étant plus, nous avons l'humanité (6). L'argument connu de Voltaire en faveur de

(1) Exod., xx, 8.

(2) Ps. XIII, 1.

(3) Le *Siècle*, 28 octobre 1866. E. Renan. — *Journal des Débats*, 25 avril 1866, article de M. Deschanel.

(4) *Revue médicale*, 15 février 1866.

(5) *Étude de Philosophie positive*, p. 185.

(6) *Revue médicale*, 15 février 1866.

l'existence de Dieu et qui est que si une horloge prouve un horloger, une statue un sculpteur et un tableau un peintre, l'univers prouve un Dieu, est, d'après une revue encyclopédique, « une vieille niaiserie » que le philosophe de Ferney « rabâcha toute sa vie (1). »

« Et ces doctrines impies au plus haut point, au suprême degré, ces doctrines ont, depuis quinze ou seize ans, circulé librement sous toutes les formes, par les livres, par les revues scientifiques, par les grands et les petits journaux, les chansons populaires, les romans à quatre ou cinq sols. On les trouve, on les puise dans les bibliothèques, dans les cabinets de lecture, dans les cafés, les cabarets, les gares de chemins de fer et jusque dans les kiosques (2). Doit-on s'étonner, après cela, de l'affaiblissement général de la piété et de la crainte de Dieu? Doit-on s'étonner de voir l'irreligion envahir toutes les classes, tous les âges, toutes les villes et tous les villages de la France? L'enfance même, oui, l'enfance en parait imprégnée; et elle ne justifie que trop cette accusation d'un poète contemporain :

Même au sang le plus pur l'impiété se mêle !
On dirait que l'enfant la suce à la mamelle !
Tout se flétrit, tout se perd sans retour (3).

Ah! en 1866, en terminant sa remarquable et éloquente brochure intitulée : l'*Athéisme et le Péril social*, Mgr Dupanloup s'écriait :

(1) Mai 1866, p. 88.
(2) *L'Athéisme et le Péril social*, p. 101.
(3) J.-B. Leclerc.

« S'il y a toujours péril à laisser corrompre un peuple par l'impiété, combien ce péril n'est-il pas plus grand encore aujourd'hui que des questions sociales, si redoutables, sont suspendues sur nos têtes !

» Eh quoi ! c'est quand de telles questions sont pendantes, des questions qui naguère ensanglantaient vos rues et mettaient la société française à deux doigts de sa perte, quand de pareils périls vous menacent ; quand ce peuple, flatté par de tels docteurs, excité par de telles perspectives, peut devenir demain votre maître, c'est alors que vous qui vous prétendez conservateurs (hommes d'ordre, honnêtes gens), prêtez les mains à la destruction de ses croyances, à la corruption de ses idées, et travaillez, de gaieté de cœur, à en faire un peuple irreligieux, remplaçant toute religion par cette *religion des classes déshéritées*, qui s'appelle *le socialisme !*

Ah ! je crie, et je vous accuse, vous qui avez changé mon rêve en un affreux cauchemar ; car voici un nuage épais qui se lève à l'horizon sur nos têtes. Voici l'athéisme et les plus funestes doctrines, l'impiété, le sensualisme, l'immoralité qui menacent de s'abattre sur notre beau pays et d'étendre au loin sur lui une ombre malfaisante. Tout ce qui fait sa gloire, l'Evangile, la religion, la philosophie, l'honneur éternel de la morale est bafoué par d'impudents sophistes et menacé de livrer bientôt cette brillante et généreuse société française à une troupe d'athées et de matérialistes.

« Je sais bien que l'athéisme, Dieu merci ! n'a pas encore envahi le cœur de notre pays ; mais je les vois agir audacieusement, gagner du terrain et s'étendre. Je vois des savants et des gens de lettres se mêler à la jeunesse et aux masses populaires pour leur prêcher l'athéisme, et je dis : « Il y a là un péril social immense, en même temps qu'un péril religieux. »

« Vous me répondez : Ce sont des emportés, que leurs excès mêmes condamnent à n'être qu'une minorité impuissante.

» Grande illusion que la vôtre !

» Sans doute que les hommes que j'ai désignés ne représentent pas la France, mais ils la pervertissent. *Cavete a fermento* (1). Gardons-nous d'un tel levain ; car, selon la parole évangélique, il suffit d'un peu de levain corrompu, pour corrompre toute la masse.

» Il n'y aurait là qu'un ferment, qu'il faudrait encore veiller. Mais ici, ce n'est pas seulement un peu de levain caché, c'est toute la presse anti-chrétienne, c'est-à-dire presque toute la presse qui éclate.

» On sait, d'ailleurs, et l'histoire de toutes les révolutions est là pour me l'apprendre, que toujours les majorités modérées ont été subjuguées et entraînées par les minorités extrêmes.

» Les Jacobins n'étaient pas la Convention, et cependant ils ont dominé la Convention.

» La Convention n'était pas la France, et cependant son règne éphémère a suffi pour couvrir la France de sang et de ruines.

» Sur 80,000 électeurs inscrits à Paris, Danton fut

(1) Marc, VIII, 15.

nommé substitut du procureur-syndic de la Commune par 1,662 voix seulement.

» Hébert et Chaumette furent élus à la Commune dans leurs sections, l'un par 56 voix et l'autre par 53! Et on sait ce que firent Danton, Hébert et Chaumette!

» Ne parlez donc pas de minorité impuissante.

» D'ailleurs, cette majorité qu'on n'a pas, on travaille avec ardeur à la conquérir, et on y réussit trop souvent.

» On fait tout en ce moment pour pénétrer les masses d'impiété : Eh bien, qu'on le sache, une telle œuvre aujourd'hui, c'est la guerre à Dieu, demain ce sera la guerre à la société (1). »

Ces paroles, nous le demandons, ont-elles été prophétiques? Nous faisons cette question le 3 juin 1871. Nous la faisons alors que Paris est à peine délivré des brigands, des voleurs, des assassins, des incendiaires qui l'ont, pendant quinze jours, couvert de sang et de ruines. Nous faisons cette question alors que les décombres des Tuileries, des Gobelins, du Palais-Royal, du Ministère des Finances, de la Grande Chancellerie et de six mille maisons particulières fument encore; alors que d'innombrables cadavres gisent encore dans les rues, sur les trottoirs, au pied des barricades. Nous la faisons, cette question; alors que la tombe n'a pas encore reçu les corps sanglants de l'archevêque de Paris, du digne curé de la Madeleine, des PP. Dominicains et des sœurs de Sainte-Marthe d'Arcueil-Cachant, des Jésuites et des Sulpiciens, et d'un grand

(1) Pag. 164, 165, 167, 168.

nombre d'autres prêtres, de laïques et de femmes pris en otages et immolés par la Commune !

Les abîmes signalés par Mgr Dupanloup étaient-ils chimériques? Les craintes qu'il cherchait à inspirer étaient-elles vaines et puériles? La tempête qu'il présageait est-elle venue? Le cataclysme qu'il annonçait a-t-il eu lieu? Demandez-le à Paris, à toutes ses ruines, aux flots de sang qui ont coulé dans son enceinte, aux morts et aux blessés que la guerre civile a faits !.....

Et puis, cherchez la cause de ces immenses calamités; et dites-nous si elle n'est pas, avant tout, dans l'affaiblissement des croyances religieuses, dans l'extinction du sentiment chrétien, dans l'absence de toute crainte de Dieu; dites-nous si les scélérats qui ont pillé et profané les temples, violé les tombeaux, fusillé tant d'innocents, incendié tant d'édifices, de monuments, de palais et de maisons particulières, empoisonné tant de soldats, avaient foi à une vie future, à un jugement, à un enfer, séjour éternel des méchants ! dites-nous si avec cette croyance, ils auraient commis les crimes, les forfaits et les atrocités dont ils se sont rendus coupables et qui ne justifient que trop cette parole de Voltaire : « Je ne voudrais pas avoir à faire à un gouvernement athée, — prince ou peuple — qui trouverait son intérêt à me faire piler dans un mortier : Je suis bien sûr que je serais pilé. »

Eh bien, ce qui, par bonheur pour lui, n'est pas arrivé à Voltaire, est malheureusement arrivé à Paris. Pendant plus de sept mois, cette ville *a eu à faire* à un pseudo-gouvernement athée. Elle a gémi sous l'oppression de plus de cent-vingt mille catilinas, rassemblés dans ses murs de tous les points du globe — plus de cent vingt mille athées se sont armés dans son enceinte contre Dieu, contre la France, contre l'ordre et contre la propriété... On sait le reste !... On sait comment ces êtres dégradés qui proclamaient que « pour l'homme la plus grande perfection consiste à se rapprocher le plus possible de la brute » (1), sont descendus au-dessous des sauvages, au-dessous des Peaux-Rouges, au-dessous des tigres et des hyènes !

Et voilà où conduit l'athéisme prêché et professé depuis seize ans au vu et su de cet Empire qui favorisait sous-main l'impiété, l'irreligion et les mauvaises doctrines qu'il avait l'air de ne pas approuver. *Comediante !*

« La corruption, l'hypocrisie, la fausseté, l'impiété prirent alors possession de la France, non au milieu de ces secousses qui avertissent en effrayant, mais au milieu d'un bien-être engourdissant, énervant et malsain. Dieu n'était pas, sans doute, persécuté en face ; on lui laissait ses temples, ses ministres. On restaurait quelques-uns de ses sanctuaires ; on décorait quelques prêtres du ruban rouge. Mais des journaux, des auteurs, des professeurs stipendiés enlevaient aux populations leur foi. Au lieu de vous tuer violemment, on vous inoculait une maladie mortelle, on vous donnait un poison lent, et vous mourriez, pour ainsi dire, sans vous en apercevoir, comme ces coupables ou ces victimes qu'on fait périr par des poisons soporifiques (2.)

(1) Pièce de la Commune de Paris.
(2) H. Rohault de Fleury. — Poitiers.

II

ÉTAT ACTUEL DE LA FRANCE SOUS LE RAPPORT MORAL

Comme la religion est l'ensemble des devoirs de l'homme envers Dieu, ainsi ce qu'on appelle la *morale* est l'ensemble des devoirs de l'homme envers ses semblables et envers lui-même; et comme un individu est plus ou moins honorable et plus ou moins heureux, selon qu'il a plus ou moins de mœurs ou des mœurs plus ou moins pures, plus ou moins irréprochables; ainsi un peuple a plus ou moins d'honorabilité, selon que la vertu y a plus ou moins d'empire, et que ses lois y sont plus ou moins respectées, plus ou moins observées. Car la vertu est l'honneur d'une nation aussi bien que l'honneur d'un individu.

Or, quel est, en ce moment, et sous le rapport moral, l'état de notre pays?

Hélas! il n'est pas meilleur que sous le rapport religieux.

Et cela est tout naturel, cela doit être; car les dogmes ou les croyances religieuses étant la base de la morale, il faut nécessairement que la morale périclite, s'affaiblisse, chancelle et croûle, quand la foi, quand la piété est ébranlée ou renversée.

On a bien vu, il est vrai, des siècles et des pays où la foi était vive, ardente même et où la morale était relâchée et peu conforme à la perfection chrétienne, comme on voit souvent des hommes qui, peu conséquents avec eux-mêmes et avec leurs principes, croient et n'agissent pas conformément à leurs croyances; l'entraînement des passions étant plus fort en eux que la foi et la crainte de Dieu. Mais, règle générale : la morale suit le sort et éprouve les phases et les vicissitudes de la foi ; elle est pure, quand celle-ci est vive ; elle s'altère, quand celle-ci s'affaiblit ; elle s'en va et disparaît lorsque celle-ci s'éteint. Les coups portés à la foi le sont donc à la morale, soit publique, soit privée.

Or, nous avons vu dans les pages qui précèdent, quels coups, depuis près de deux siècles, et notamment depuis vingt ans, ont été portés à la religion ; nous avons vu comment les dogmes les plus saints et les plus fondamentaux ont été attaqués et niés.

Ne nous étonnons donc pas du triste état dans lequel la morale est tombée en France ; car, à part l'Italie qui est, sous le rapport moral, la dernière nation du monde, la France est tombée aussi bas sous le rapport des mœurs que sous celui des croyances.

On accuse généralement les hautes classes d'une corruption profonde ; et un homme, distingué par sa race, ses talents et ses vertus, nous disait un jour : « Nous accusons sans cesse nos domestiques, hommes » et femmes, de n'avoir plus les vertus de leur éta! » mais quoi d'étonnant? pour être corrompus jusqu'à

» la moelle des os, il leur suffit de nous entendre, et » de nous voir. L'immoralité et l'indécence en sont » venues, chez nous, à un tel point que si je n'étais » pas forcé d'aller dans nos soirées, nos bals, nos » réunions, je n'y mettrais pas les pieds. »

De la classe élevée, la corruption est descendue dans les classes inférieures. Elle a atteint la bourgeoisie et gagné ce qu'on nomme *le peuple*. Ceux qui vivaient avec mollesse et qui se nourrissaient de mets exquis, recherchés, se sont repus d'immondices, dit le prophète (1).

Et quelles sont ces *immondices* sinon les livres immoraux, les contes et les romans obscènes, composés et colportés exprès pour le peule, et jetés à profusion en pâture à ce malheureux peuple. Sur neuf millions de livres vendus au public des villes, villages et campagnes, par la voie du colportage, les huit neuvièmes de ces livres, c'est-à-dire huit millions étaient, dit un rapport officiel de la commission du colportage au ministre de l'intérieur, avant 1862, plus ou moins des *livres immoraux*. « Où cela en est-il aujourd'hui, demande Mgr Dupanloup, dans la brochure à laquelle nous empruntons ce fait.

Dans ces dernières années surtout et spécialement sous le ministère Duruy, d'incroyables efforts ont été faits pour pervertir par la parole et par la plume, toute la société et lui enlever les croyances religieuses et les vertus morales. Ecoutons en quels termes l'illustre évêque d'Orléans signalait et déplorait, en 1868, dans

(1) Thren., IV, 5.

son éloquente brochure : *Les Alarmes de l'épiscopat justifiées par les faits*, les atteintes portées à la morale par la presse irréligieuse.

« Je vais signaler de nouveau et avec plus de netteté et de force, si je puis, la guerre effroyable qui est faite à Dieu. Je n'en ai montré, dans ma dernière lettre, que quelques signes : J'exposerai ici la situation tout entière : les plus funestes doctrines faisant explosion, à la faveur d'une politique révolutionnaire, les grandes écoles de radicale impiété, l'athéisme, le matérialisme et les théories les plus subversives de toute morale s'étalant avec audace, se propageant avec une ardeur redoublée... par l'espérance d'un triomphe impie, et menaçant de déborder, comme un torrent, quand la dernière digue aura été rompue. Les choses vont sur ce point comme elles ne peuvent plus continuer d'aller. Je vois se faire, en effet, depuis quelque temps, en France, des efforts extraordinaires pour propager l'impiété, l'immoralité, les théories les plus antisociales, sous prétexte de propager l'enseignement. Ce n'est plus seulement, comme autrefois, par les journaux, par les livres, qu'on attaque la religion, la morale, les éternels principes de l'ordre : on les attaque avec cette arme, profondément perfide et redoutable d'un enseignement corrupteur. Sous prétexte de propager l'instruction et de faire la guerre à l'ignorance, on propage l'incrédulité, on fait la guerre à la religion, et on prépare, bon gré mal gré, la ruine de tout ordre moral et social (1).

(1) Page 7.

Ensuite l'éminent prélat fait voir comment les écoles des filles *libres-penseuses*, les *écoles* dites *professionnelles* sont créées dans le but de former des jeunes filles *libres-penseuses* comme leurs maîtresses. Comment la ligue de l'enseignement irreligieux, importée de Belgique en France par les francs-maçons et les solidaires. — Comment les cours publics autorisés ou conférences instituées par M. Duruy pour procurer, selon lui, « un délassement de l'ordre le plus élevé pour l'esprit et pour le cœur. » — Comment le positivisme, le panthéisme, le matérialisme et l'athéisme, professés à l'école de médecine de Paris, dans des cours autorisés par le ministre de l'instruction publique, niant Dieu, l'âme humaine, le libre arbitre, la vie future et les fondements de tout ordre moral et social, faisaient, *depuis quelque temps surtout*, une véritable invasion dans l'enseignement contemporain ; et enfin comment les matérialistes, les athées, les panthéistes ont, par les journaux, les revues, les livres, les *bibliothèques* diverses, inondé la France de ces doctrines anti-religieuses, anti-morales et anti-sociales dont le résultat devait être de faire des Français un peuple sans foi ni loi.

L'empereur de ce temps-là, nouvel Eole, lâcha la bride à tous les vents, à toutes les tempêtes.

Et alors l'enfant et la jeunesse ont été corrompues, comme jamais, au sein même de la famille, dans les écoles communales, dans les pensions et pensionnats, les collèges, les lycées et les maisons des hautes études.

Les fabriques où nul n'exerce une surveillance morale sur les enfants des deux sexes que l'industrie y rassemble (1), les grands et les petits théâtres, les spectacles en plein vent, les cafés et les cabarets, les tableaux, les gravures et les statues obscènes ont fait cause commune avec l'enseignement pour corrompre toute la nation.

« Les fabriques, dit M. de Bonald, et les manufactures, qui entassent dans des lieux chauds et humides des enfants des deux sexes, altèrent les formes du corps et dépravent les âmes. La famille y gagne de l'argent, des infirmités et des vices, et l'Etat une population qui vit dans les cabarets et meurt dans les hopitaux. »

« On se plaint, dit le même philosophe, de l'ignorance et de la grossièreté des peuples, et on souffre une foule de théâtres, de tréteaux qui sont des écoles publiques de sottises et de corruption. »

Et après ce jugement sur les théâtres en plein vent, le profond politique dit encore :

« J'admire le bon sens de la police moderne, qui bannit les femmes de mauvaise vie des jardins publics et y laisse des statues indécentes. Qu'y gagne-t-on? Les statues parlent, elles invitent. « Le moyen, dit » Dupaty, dans son *Voyage en Italie*, d'avoir des » mœurs et des statues? »

On sait le scandale qne causèrent à Paris le groupe lascif de Carpeaux, et les toiles lubriques et infâmes de ce Courbet, le peintre de la décadence, que le gouvernement impérial supplia d'accepter la décora-

(1) H. Rohault de Fleury. — Poitiers.

tion de la Légion d'honneur et qui se mit à la tête des communards qui ont commis tant de crimes et entassé tant de ruines dans Paris, en mai 1871.

Enfin, quant aux cafés et cabarets, qui se sont tant multipliés en ces dernières années, au grand préjudice de la morale, M. de Bonald a dit : « Dans les petites villes, les spectacles et les cafés, et les cabarets dans les campagnes, dépravent et ruinent toutes les classes de la société et troublent la paix et le bonheur des familles. Les tavernes et les liqueurs fortes sont, en Angleterre, une cause féconde de mendicité. »

Et la raison qu'en donne le judicieux philosophe c'est que « la vraie et seule richesse du peuple est la sobriété. »

Nous ne dirons rien ici de l'abaissement incontestable et incontesté des caractères, de l'incroyable légèreté, de la frivolité de l'esprit public, en France, même dans les plus grands malheurs. Nous ne dirons rien du luxe excentrique, bizarre et ruineux des femmes.

On appelait tout cela *le commerce*. On acclamait de ci de là à sa prospérité, et on ne songeait pas que le commerce n'est pas toute la vie d'un peuple ; il est même bien souvent un signe de sa décadence et quelque fois de sa fin prochaine. « Si tôt, dit Montesquieu, que les Romains furent *corrompus* (qu'on remarque bien ce mot), leurs désirs devinrent immenses. »

Les désirs le deviennent chez nous ! Toutes les classes ont soif de jouissances. On ne sait plus se contenter de peu. Les ouvriers ambitionnent la fortune, la table et les plaisirs des patrons. La petite fille du peuple, la petite ouvrière le dispute aux riches dames et demoiselles qu'elle habille. Or, pour dépenser beaucoup il faut gagner beaucoup, et comme un travail honnête est généralement peu lucratif, comme, d'autre part, la paresse et la haine du travail sont un des caractères d'un peuple qui *s'en va*, on demande au vice de quoi contenter, satisfaire des besoins exorbitants, des goûts immodérés, et de là un malaise général. De là la ruine de la morale et une de nos grandes plaies sociales. De là un grand danger et une cause de mort pour notre société. Que ceux qui nous gouvernent remédient donc à ce mal au lieu de le favoriser. Les Romains furent tout puissants tant qu'ils eurent des goûts simples. Ils périrent quand l'Asie eut corrompu leurs mœurs. Cette réflexion est de Montesquieu. Elle mérite d'être méditée par tous les gouvernements.

III

ÉTAT ACTUEL DE LA FRANCE SOUS LE RAPPORT POLITIQUE

Ce qu'une maladie est à l'individu, toute révolution l'est à un peuple.

Car, de même qu'une maladie est, chez l'homme, l'effet d'une perturbation dans sa constitution organique, l'effet d'un dérangement dans sa nature physique et corporelle, de même une révolution politique et sociale accuse et dénonce, chez un peuple, un désordre et un vice dans sa constitution ou bien une violation de cette constitution.

Si la constitution ou l'ensemble des lois constitutives de l'Etat est sage et bonne, la révolution a sa cause et son principe dans le peuple qui est mauvais et mal inspiré.

Si, au contraire, la constitution écrite est défectueuse, imparfaite, c'est à ses imperfections qu'il faut imputer la cause des révolutions.

C'est encore comme chez l'individu.

Un homme est né avec un tempérament sain. Il est naturellement fort, robuste et organisé pour jouir d'une bonne santé et vivre longtemps. Et il en sera ainsi, s'il est sage, tempérant, s'il évite les excès et s'abstient de tout ce qui peut lui nuire.

Mais si, au contraire, il se livre à des excès ou commet des imprudences; s'il n'écoute pas la voix de la raison, de la sagesse ; s'il se laisse aller au désordre et à ces passions qui tarissent les sources de la santé et de la vie, alors les infirmités et les maladies arrivent. La mort elle-même vient parfois le punir d'avoir méconnu et violé les conditions essentielles de l'existence humaine. Ainsi en est-il d'un peuple. Il peut avoir une très-bonne et très-sage constitution, et, alors, s'il est sage lui-même, il vivra heureux et il vivra longtemps sous l'empire de cette constitution. Si, au contraire, il n'est pas sage, il la violera et la changera à son propre préjudice et à son détriment.

Que si, au contraire, la constitution fondamentale d'une nation est vicieuse, le peuple est dans un état de malaise et de souffrance qui précède et amène souvent de graves maladies, c'est-à-dire des révolutions.

Or, on nomme *constitution* l'ensemble des lois fondamentales qui sont comme l'âme des sociétés.

Et quel est, de nos jours, l'état de la France sous le rapport politique?

Un écrivain, déjà cité par nous, va répondre : « Avant les bouleversements de la fin du dernier siècle, la société était organisée d'une manière qui laissait beaucoup à désirer, mais qui avait pourtant ce grand avantage d'avoir produit de bons résultats pendant longtemps. A cause de ses abus, au lieu de la réformer, on l'a complétement bouleversée, et tout a été détruit. Puis, au lieu de reconstruire sur les mêmes fondements, qui étaient solides, on a élevé le nouvel édifice à côté du précédent, sur des fondations si légères, qu'avant la fin des travaux il s'était écroulé plusieurs fois, les constructeurs revenant toujours à leur idée de bâtir sur un terrain mouvant (1). »

L'ancienne constitution de la France était essentiellement religieuse et monarchique, et elle était surtout religieuse, parce qu'elle avait été, comme dit Gibbon, « élaborée par les évêques comme une ruche d'abeilles. » Les législateurs de 1789, imbus, pour la plupart, des doctrines du *Contrat social*, ont voulu faire leur constitution conformément aux principes ou plutôt aux idées de J.-J. Rousseau, et toutes les constitutions et chartes données depuis à la France, ont été constamment et invariablement antées sur les théories politiques du citoyen de Genève.

Aussi ont-elles été toutes peu religieuses ; c'est à peine si Dieu y est nommé une seule fois, sans qu'il y soit fait mention d'aucun devoir de l'homme à son égard.

« Cependant, dit M. de Bonald, la bonne constitution du corps de l'Etat consiste en deux choses : dans la religion et dans la justice. Ce sont là, poursuit le judicieux publiciste, ce sont là les principes intérieurs et constitutifs des Etats. Par l'une (par la religion) on rend à Dieu ce qui lui est dû, et par l'autre (par la justice) on rend aux hommes ce qui leur convient.

» On bâtirait plutôt une ville dans les airs que de

(1) M. Rohault de Fleury.

constituer un Etat en ôtant la croyance de Dieu, dit Plutarque (1). »

Cependant, il faut bien le dire, parce que cela n'est que trop vrai : on ne veut plus de religion en France. La constitution n'est ni chrétienne ni catholique, et ceux qui demandent à tue-tête la séparation complète de l'Eglise et de l'Etat veulent qu'elle soit athée.

« Pourtant, dit encore M. de Bonald, la religion est à la lettre, l'âme de la société et la politique en est le corps. Nous sommes, ajoute-t-il, matérialistes en politique comme en philosophie, et nous voulons des corps sans âme. »

Hélas ! combien ces paroles ne sont-elles pas encore plus vraies en 1871 qu'au commencement du siècle !

Non, notre constitution n'est pas religieuse.

Sous prétexte de liberté, elle laisse attaquer sans cesse tout ce qu'il y a de plus saint et de plus sacré au monde : Dieu, Jésus-Christ, l'Evangile, le Sacerdoce, le Culte, etc.

Sous prétexte d'égalité, elle est à peu près, pour ne pas dire tout à fait indifférente à toute religion, à tout culte ; elle n'en adopte aucun, pas même celui de la majorité ; et certains de nos législateurs diraient sans doute volontiers de la constitution ce qu'un avocat célèbre a dit autrefois de la loi : « Elle est athée, et doit l'être (2). »

« Et pourtant, dit M. de Lamennais, les peuples ne subsistent et ne se raniment que par les croyances. En

(1) *Contra Caloten*, p. 1125.
(2) M. Odilon Barrot.

s'éloignant de Dieu, ils s'approchent du néant, domaine propre de tous les êtres finis et leur unique souveraineté. » Voilà pourquoi Machiavel, qui n'était pas apparemment un esprit faible ni un fanatique, voue sans hésiter à l'exécration universelle ceux qui, en ébranlant la religion, ébranlent la société.

« Hommes infâmes et détestables, comme il les appelle, destructeurs des royaumes et des républiques, ennemis des vertus, des lettres et de tous les arts qui honorent le genre humain et contribuent à sa prospérité. »

La constitution actuelle de la nation française repose sur trois grands principes : la liberté, l'égalité et le suffrage universel.

Or, la liberté illimitée, la liberté sans restriction, sans entraves, sans bornes, est une folie ; ce serait la licence, le déchaînement de tous les instincts les plus pervers, des passions les plus mauvaises et les plus tumultueuses, ce serait le cahos, ce serait la dissolution de la société, car, dans cet état de choses, « les mains d'un seul seraient, comme dit l'Ecriture, contre tous, et les mains de tous contre un seul (1). »

Que si par la liberté, base de notre constitution, il faut entendre une liberté restreinte et limitée, cette constitution ne proclame, sous ce rapport, que ce qui est nécessairement, à des degrés divers, dans toutes les constitutions politiques du monde.

L'égalité est le second des principes fondamentaux de la constitution française. Mais, pas plus que la

(1) Genes., XVI, 11.

liberté, l'égalité n'est absolue et ne saurait l'être. La nature s'y oppose, la justice s'y oppose, la raison s'y oppose, nos mœurs s'y opposent. On nous dit, on nous répète sans cesse que *tous les Français sont égaux devant la loi,* et nous répondrons, nous : « S'ils le sont devant la loi qui est une lettre morte, à coup sûr ils ne le sont pas devant les magistrats qui sont vivants et qui appliquent la loi. » N'a-t-on pas dit, surtout des lois restrictives et pénales : « Les lois sont comme des toiles d'araignées, les petits s'y prennent et les gros passent au travers. » On a écrit également que tous les Français peuvent aspirer à tous les emplois. Oui, tous peuvent y aspirer, comme le renard de la fable pouvait aspirer aux raisins qui tentaient son appétit. Mais parvenir à ces emplois est autre chose! et, en France comme ailleurs, ce n'est le lot, le partage que de quelques privilégiés.

Une autre pierre fondamentale de notre constitution actuelle, c'est, depuis vingt ans, le suffrage universel.

On l'a, depuis vingt ans, appelé à se prononcer sur les changements de gouvernements; on lui a demandé des votes d'approbation pour la ligne de conduite tenue par le pouvoir : on soumet à ses choix l'élection des députés-législateurs, des conseillers généraux, des conseillers d'arrondissement, des conseillers municipaux. On a même été jusqu'à faire élire les officiers par leurs soldats.

Eh bien, tous les gens honnêtes et sensés blâment et condamnent cette invention qui donne, comme à je ne sais quelle république de la Grèce, *la délibération aux sages et la décision aux fous.*

« Vous jugerez, dit l'Évangile, vous jugerez d'un arbre par ses fruits (1). »

Or, quels fruits nous a donnés jusqu'ici le suffrage universel ?

Il a approuvé le coup d'Etat du 2 décembre ; il a mis Napoléon III sur le trône de France ; il lui a donné un blanc-seing le 10 décembre 1851, et le 8 mai 1870.

Il a donné à la France pour députés Raspail, Garibaldi, Félix Pyat, Victor Hugo, Gambetta, Henri Rochefort, etc.

Quels tristes et déplorables choix ! quels choix honteux, déshonorants, que ceux qu'ont faits, en 1871, nos plus grandes cités : Paris, Lyon, Marseille et autres villes importantes ?

Dans toutes ces élections, les agitateurs, les perturbateurs de l'ordre, les *révolutionnaires-toujours* ne l'ont-ils pas emporté sur les honnêtes gens, sur les amis de l'ordre ? Quels maires, quels adjoints n'a pas donnés à Paris le suffrage universel à la veille des désastres de cette malheureuse cité ?

N'est-il pas vrai que les hommes pervers voient d'un mauvais œil les honnêtes gens, et qu'ils ne votent pas pour eux dans les élections ?

N'est-il pas vrai que les ennemis de l'ordre ne donneront jamais leurs suffrages qu'à leurs pareils ?

N'est-il pas vrai encore que les bons citoyens se montrent indifférents et s'abstiennent de voter, quand, au contraire, les fauteurs de désordres se rendent en

(1) Matth., VII, 16.

masse au scrutin? Les votes, les élections de 1871 ne l'ont que trop prouvé, spécialement à Paris et dans nos grandes villes,

Il faut donc épurer le suffrage universel! c'est l'avis, c'est le cri, c'est le désir de tous les honnêtes gens. Et les faits et l'expérience prouvent qu'ils ont raison.

Ah! orgueilleux comme nous le sommes, nous avons cru que l'esprit, l'intelligence datait de notre époque. Nous n'avons tenu aucun compte des leçons du passé.

Cependant ce passé en avait de bonnes à nous donner, et nous eûssions été sages de nous en inspirer.

Or, les anciens n'accordaient le droit de suffrage qu'à ceux qui étaient citoyens, qui avaient le droit de cité.

Pourquoi ne rétablirait-on pas ce droit pour Paris et pour les grands centres de population? Pourquoi le donner à quiconque a un an d'habitation, qu'il soit ou non propriétaire? Pourquoi ne pas l'accorder seulement à ceux qui participent aux charges de l'Etat et qui ont intérêt au maintien de la paix et à la stabilité des institutions (1)? »

Nous livrons ces réflexions à la méditation de nos législateurs, et nous croyons que le suffrage universel doit être modifié et restreint, ou la France sera perpétuellement semblable à un vaisseau battu par la tempête et en danger de faire naufrage.

(1) Les Romains n'admettaient pas dans leurs armées ceux qui ne possédaient rien. Ils ne les regardaient pas comme suffisamment attachés à la cause de l'ordre. (Montesquieu, *Considérations sur la Grandeur*, etc., chap. IX, p. 92.)

IV

ÉTAT ACTUEL DE LA FRANCE SOUS LE RAPPORT SOCIAL

Toute nation est une société plus ou moins considérable.

Or « une société est un être collectif qui a, ainsi que l'homme ou l'individu, ses facultés et ses besoins, ses devoirs et ses passions, ses vertus et ses vices.

» Ainsi que l'homme, elle naît, elle croît, elle se développe ; comme lui, elle décline, elle vieillit, elle meurt (1). »

Or, pour la société, pour une nation, la première et la plus excellente des vertus est l'amour (2) : l'amour de Dieu d'abord, et ensuite l'amour de la patrie et de tout ce qui constitue la patrie, la religion, les temples, les autels, les parents, la famille, les amis, les compatriotes, le lieu natal. Les anciens résumaient tout cela en deux mots : « Les autels et les foyers (3). » Ce fut pour cela que les sept frères Machabées moururent

(1) De Bonald. *Théorie du Pouvoir*, t. Ier.
(2) I Cor., XIII, 13.
(3) *Pro aris et focis.*

avec tant de courage (1). L'amour de la patrie est à une nation ce que le ciment est aux pierres d'un édifice ; en les liant les unes aux autres, il fait toute la force, toute la solidité de l'œuvre architecturale. Aussi, vient-il à se décomposer, l'édifice tombe en ruines et périt.

L'union des cœurs et des volontés est une autre des conditions essentielles de la vie des sociétés. Si, comme on l'a dit, *l'union fait la force,* la division fait la faiblesse. De son côté, Notre Seigneur a dit : « Tout royaume divisé en lui-même sera détruit (2). « Sur quoi M. de Bonald dit : « Il y a plus de véritable politique et de politique pratique dans ce passage de l'Evangile que dans tout l'*Esprit des lois* et le *Contrat social*, doublés de tous les écrits politiques de la même école, qui ont paru, depuis trente ans, dans l'ancien ou le nouveau continent (3). »

Il résulte de ces principes que tout ce qui affaiblit l'amour de la patrie, tout ce qui divise les esprits est anti-social ou anti-national. Jugez d'après cela la presse.

Y a-t-il, dans le monde, un dissolvant politique et moral pareil à celui-là ? Que fait la presse partout où elle existe et notamment en France, sinon diviser les esprits, et, partant, décomposer la société ? Qu'est-ce que la liberté accordée à la presse d'attaquer la religion, la morale, la constitution, les actes du gouver-

(1) *Ego autem sicut et fratres mei animam et corpus meum trado* pro patriis legibus (II Machab., VII, 37.)

(2) Matth., XII, 25.

(3) *Pensées diverses*, p. 429.

nement, la personne des fonctionnaires, sinon la faculté d'ébranler, et, par conséquent, d'affaiblir l'édifice social ?

Et l'on veut qu'un édifice, ainsi toujours battu en brèche, soit solide, soit durable et ne croûle pas à chaque instant sous les coups qu'on lui porte ! Mais c'est vouloir l'impossible ; c'est vouloir une chose absurde.

La liberté de la presse est devenue chez nous la licence de la presse ; religion, morale, autorité, elle attaque sans cesse avec acharnement l'ordre social. « Les principes religieux et moraux, bon gré mal gré, sont la base des sociétés : qui les ébranle, ébranle tout, » dit Mgr Dupanloup.

Car « s'il est, continue l'éloquent prélat, s'il est une chose certaine, démontrée par l'irrécusable expérience de tous les temps, c'est ce qu'on appelle la logique des faits : quand un principe a pris une fois possession des esprits, il ne tarde pas à développer ses conséquences et à porter ses fruits. Il y a des logiciens timides qui restent en route ; mais il y en a d'autres, en France, en France surtout, pays d'action, qui vont résolument jusqu'au bout. « Le peuple, a dit M. Félix Pyat, est un grand logicien qui ne manque jamais de conclure (1). »

Ah ! au moment où nous transcrivons ce passage du grand évêque d'Orléans et cette citation de l'auteur du *Chiffonnier*, le peuple (le peuple de Félix Pyat) a conclu : et les ruines de Paris, l'incendie des Tuileries, des Gobelins, de l'Hôtel-de-Ville, du palais du quai

(1) *L'Athéisme et le Péril social*, p. 149.

d'Orsay, du ministère des finances, etc.; l'assassinat de l'archevêque de Paris et de plus de soixante otages, des milliers d'hommes, de femmes et même d'enfants, transformés en cannibales ; le meurtre, le pillage, l'incendie, la ruine projetée de tout Paris et même de la France entière ; voilà ses conclusions ! Le peuple de Voltaire, de Rousseau, de Diderot, de Lamétrie, de d'Hollac, d'Helvétius, de Condorcet, de Marat, d'Hébert, de Couton, de Chaumette avait conclu en 1792 et 1793 et on connaît ses conclusions ! Le peuple de Félix Pyat, de Rochefort, de Grousset, de Vermorel, de Jules Vallès, de Delescluze, de Mottu, de Raoul Rigault, de Lamouroux, de Rossel et de Ferré a conclu en 1871, et, *horresco referens*, nous savons comme il l'a fait à Paris, et comme il l'eût fait à Marseille, à Lyon, à Toulouse, à Bordeaux, partout si

> Celui qui met un frein à la fureur des flots,
> N'eût aussi des méchants arrêté les complots.

La France entière, à l'heure qu'il est, serait un immense Paris, un immense désastre, et, en le montrant aux écrivains et aux folliculaires de la *Lanterne*, de la *Marseillaise*, du *Mot d'ordre*, du *Rappel*, du *Réveil*, du *Père Duchêne*, du *Bonnet rouge*, du *Vengeur*, de la *Libre pensée*, de la *Libre conscience*, de la *Morale indépendante*, de la *Revue des Deux-Mondes*, du *Siècle*, des *Débats*, de l'*Opinion nationale* et de mille autres journaux, revues ou livres plus ou moins athées, impies et anti-religieux, on pourrait leur dire : voilà vos conclusions ! voilà votre œuvre !

Avant Félix Pyat, Diderot, qui était de la même école, avait dit, dans la même pensée que le révolutionnaire de nos jours : « C'est la tête du sage (c'est-à-dire du libre-penseur) qui prépare les révolutions; c'est le bras du peuple qui les exécute. »

Gouvernants, vous étiez avertis! qu'avez-vous fait pour défendre, pour protéger la société? Vous avez laissé *le sage préparer les révolutions,* égarer les esprits, enflammer les passions, mettre le feu à la mèche..... et puis, le peuple (et quel peuple!) le peuple des bagnes, des carrières de Montmartre, les repris de justice, les bannis de tous pays, les femmes de mauvaise vie, en un mot, la lie de la société a exécuté les élucubrations des *sages;* et, trois fois en quatre-vingts ans, nous avons vu comment elle les exécute.

« Les idées subversives, dit encore l'incomparable évêque d'Orléans, les idées subversives sont élaborées d'abord par les écrivains, puis bientôt elles descendent dans les masses, et, quand elles ont fait leur chemin et que leur diffusion est plus ou moins consommée, alors elles éclatent dans les faits et se traduisent en catastrophes, comme hélas! nous venons de le voir! »

Ah! il semble que le sage et profond Liebnitz entrevoyait tout ce qui s'est passé chez nous depuis quatre-vingts ans, alors qu'il écrivait : « Il y a des hommes qui, se croyant déchargés de l'importune crainte d'une Providence surveillante, tournent leur esprit à séduire les autres, et, s'ils sont ambitieux, *ils seront capables de mettre le feu aux quatre coins de la terre.* J'en ai connu de cette trempe. »

Le même philosophe ajoute ailleurs : « Je trouve que des opinions, s'insinuant peu à peu dans l'esprit des hommes du monde qui règlent les autres et dont dépendent les affaires, et se glissant dans les livres à la mode, disposent toutes choses à la révolution générale dont l'Europe est menacée (1). »

Nous le demandons! Liebnitz s'est-il trompé? La révolution qu'il entrevoyait a-t-elle eu lieu et a-t-elle eu les causes que lui assignait le profond penseur allemand?

La société, en France, est un vrai hachis! rien ne s'y lie, rien ne s'y tient. Nul lien de cœur entre les gouvernés et les gouvernants, entre les inférieurs et les supérieurs, entre les soldats et les officiers, entre les proches et les proches, entre les frères et les frères, entre les pauvres et les riches, entre les ouvriers et les bourgeois, entre les laïcs et les prêtres, entre les enfants même et leurs pères et mères. L'indifférence en matière de religion, l'indifférence pour Dieu a amené à sa suite l'indifférence pour tout ce qu'on doit aimer et honorer après Dieu.

De là la nécessité de travailler efficacement à rapprocher les esprits et les cœurs, à combattre et à faire disparaître, autant que possible, tout ce qui divise, tout ce qui jette dans la société des semences de discorde en religion, en morale, en politique. De là la nécessité de faire, comme on l'a dit, du *peuple français un peuple de frères*.

Et l'on n'atteindra ce but qu'en réglementant la presse

(1) Ibid., 159.

et en l'empêchant de nuire ; car, comme le dit encore avec son talent et son énergie ordinaires l'illustre athlète de l'Eglise en France, s'adressant aux libres-penseurs : « Ce peuple dont vous tuez la religion et les croyances, s'il a ses vertus natives, il a aussi ses penchants ; s'il a son travail protecteur, il a aussi ses souffrances, mauvaises conseillères. En le pénétrant d'athéisme, de sensualisme et de morale indépendante, ne voyez-vous pas que vous lâchez, chez lui, la bride à toutes les fougueuses convoitises ; vous lui soufflez au cœur la soif ardente des jouissances matérielles ; vous lui enlevez la résignation et l'espérance ; vous lui rendez intolérables ses souffrances ; vous prêtez des arguments terribles à son envie ; vous surexcitez ses plus dangereuses impatiences. Oserez-vous soutenir que, par là, vous travaillez à la paix sociale? Non ! c'est la guerre que vous préparez. »

Mars, avril et mai 1871, et surtout les néfastes journées du 21 au 31 mai, ont prouvé combien le grand évêque avait prophétisé vrai.

V

UNE RÉGÉNÉRATION DE LA FRANCE EST NÉCESSAIRE. EST-ELLE POSSIBLE ? EST-ELLE PROBABLE ? D'OU DEVRA-T-ELLE NOUS VENIR ?

Nous venons de voir, dans les chapitres qui précèdent, dans quel triste état est la France sous le rapport religieux, sous le rapport moral, sous le rapport politique et sous le rapport social ; et quoique nous n'ayions pas mis à nu toutes les plaies de cette pauvre nation ; quoique nous n'ayions pas soulevé tous les voiles qui cachent plus ou moins ses misères, il nous a été démontré qu'en elle, comme dans le blessé et le malade du prophète, il n'y a, de la tête aux pieds, absolument rien qui soit sain (1)

Dès le début de la guerre malheureuse qui nous a tant humiliés, un de nos ennemis accusait les races latines et particulièrement la France d'être *pourries*.

Mon Dieu ! nous voudrions pour tout le sang que nous avons dans les veines, que cette accusation, spécialement en ce qui nous concerne, fût tout à fait calomnieuse !... Mais, hélas ! quand on a attentivement

(1) *A planta pedis usque ad verticem non est in eo sanitas.* (Is., I, 6.)

examiné la France, quand on a mis le doigt dans ses plaies, quand on a observé toutes les classes de citoyens dont elle se compose, quand on a vu partout, du haut en bas de l'échelle, l'impiété, l'irreligion, l'athéisme, le sensualisme, l'égoïsme ; quand on voit l'immense majorité des Français ne vivre plus que d'une vie matérielle, que de la vie des sens et n'avoir plus de lieux de réunion que les théâtres, les cafés et les cabarets ; quand on entend les discours, les propos des bourgeois et des ouvriers, des riches et des pauvres ; quand, surtout, on constate partout dans l'enfance et la jeunesse l'absence complète des bons principes qui font la bonne éducation, on se demande avec effroi et la rougeur au front si, en effet, nous ne sommes pas au moins gravement piqués du ver rongeur qui tue les sociétés, comme d'autres vers tuent les plantes.

Eh bien, oui, nous le dirons, parce que taire le mal, ce n'est pas le guérir ; au contraire, c'est le favoriser, c'est le laisser s'envenimer, s'étendre et devenir incurable et mortel. Oui, la France qui était la reine des nations modernes, a perdu sa royauté et sa prééminence ; et sa couronne, comme dit l'Ecriture, est tombée de sa tête (1). Elle était ou elle se croyait au premier échelon de l'échelle sociale, et elle est au dernier, *princeps provinciarum facta est sub tributo* (2), ses enfants chantaient :

> Ah ! qu'on est fier d'être Français,
> Quand on regarde la Colonne.

(1) *Cecidit corona capitis notri.* (Thren., v, 16.)
(2) Ibid., I, 1.

Et voilà qu'aujourd'hui (13 juin 1871), en regardant cette même Colonne renversée et couchée tout de son long sur la place Vendôme, et renversée par la main de Français égarés, ah ! on a lieu de rougir *d'être Français ;* et plusieurs en rougissent jusqu'à fuir une terre qui, comme Saturne, dévore ses propres enfants, et ils vont demander asile à des contrées moins turbulentes et moins volcanisées.

Nous avons donc besoin d'une régénération. Tout le monde le sent, tout le monde le dit ; c'est le cri général ; c'est le cri universel. Mais cette régénération nécessaire, indispensable, si la France doit vivre encore comme nation, cette régénération est-elle possible ?

Nous nous le demandons avec crainte, avec effroi et en tremblant.

« La France est l'aînée des nations de l'Europe... et la société qui s'est formée la première, serait-elle la première à se dissoudre, » se demande M. de Bonald.

Et nous répondons, nous : Peut-être !

La France compte environ quatorze siècles d'existence. C'est la durée la plus longue qu'aucun peuple ait eue jusqu'ici. Les empires ou royaumes d'Egypte, des Mèdes, des Perses, des Assyriens, les républiques de la Grèce, la république et ensuite l'empire de Rome n'ont pas atteint la longévité de la France ; l'Angleterre, la Russie, la Prusse sont beaucoup plus jeunes.

Nous sommes donc, comme corps de nation, les aînés des peuples modernes. Nous sommes donc arrivés à la vieillesse ; car, dit toujours M. de Bonald, « La société ainsi que l'homme passe par différents états d'enfance, de jeunesse, de virilité et de vieillesse. »

Mais si nous sommes dans la vieillesse, n'entrons-nous pas dans l'âge de la décrépitude? Bien des choses le font craindre...

Et, dans ce cas, une régénération est-elle possible? Un vieillard peut-il être rajeuni au point de parcourir une seconde fois la carrière de la vie? A-t-on jamais vu un peuple passer de la sénilité à une jeunesse nouvelle? Les Grecs d'aujourd'hui sont-ils ce qu'étaient leurs pères du temps d'Aristide, de Démosthène, de Platon, de Socrate et d'Epaminondas? Et les Italiens de nos jours sont-ils les Romains d'autrefois? Tout le monde répondra : Non.

On ne peut donc pas plus régénérer ou rajeunir un peuple que l'on ne peut régénérer ou rajeunir un vieillard qui a atteint les limites extrêmes de la vie humaine.

Dieu seul, oui, Dieu seul, l'auteur de la vie pour les nations comme pour les individus, Dieu seul peut faire ce miracle. *Celui qui renouvelle*, comme le dit le psalmiste, *la jeunesse de l'aigle* (1), peut seul renouveler celle des nations; et c'est de tout notre cœur que nous lui disons : « O grand maître de la vie et de la » mort, soufflez sur nos morts, afin qu'ils revien- » nent (2), dites aux ossements desséchés d'écouter la » parole du Seigneur et de revivre (3). » Mais si Dieu n'y met pas la main, si Dieu lui-même ne nous relève

(1) Ps. CII, 5.
(2) Ezech , XXXVII, 9.
(3) Ezech., XXXVII, 4.

et ne nous guérit, c'en est fait de nous ; nous sommes perdus !

Car la génération qui actuellement est, par son âge, à la tête de la société, cette génération est, à peu d'exceptions près, gangrenée d'athéisme et d'incrédulité. Elle a rompu avec le ciel et rejeté toutes les vérités de foi, tous les principes de morale qui sont la base des sociétés.

Comment pourra-t-elle y revenir ? A un mal universel il faut un remède universel aussi. Et ce remède, qui pourra le trouver ? qui pourra l'appliquer, si ce n'est Dieu seul ?

Et Dieu le fera-t-il ? Il est bien dit qu'il a fait les nations guérissables (1) ; mais il n'est pas dit qu'il les guérira toutes et les guérira toujours. Il est bien dit encore qu'il pardonne à toute nation qui se repent (2), mais nous repentons-nous ? Nous convertissons-nous ? Faisons-nous pénitence ?

Ah ! il n'y a qu'un moyen de revenir à la santé morale des peuples ; c'est de revenir à Dieu. « La révolution qui a commencé, dit M. de Bonald, par la proclamation des droits de l'homme, ne finira que par la proclamation des droits de Dieu (3). »

Or, cette proclamation est-elle à espérer chez nous ? Notre génération, qui a répudié la foi, pourra-t-elle

(1) *Sanabiles fecit nationes.* (Sap., I, 14.)

(2) *Si pœnitentiam egerit gens illa a malo suo, quod locutus sum adversùs eam, agam et ego pœnitentiam super malum quod cogitavi ut facerem ei.* (Jérém., XVIII, 8.)

(3) Alfred Nettement. *Histoire de la Littérature française sous la Restauration*, t. Ier, p. 68.

l'inspirer à la génération qui la suit dans la vie? Ce que nous n'avons pas, la crainte de Dieu, la soumission au pouvoir, l'esprit d'obéissance, de dévouement, de sacrifice, l'amour sacré de la patrie, la décence dans les paroles et dans les actes, l'élévation et la noblesse du caractère, les habitudes de travail, de tempérance, d'ordre, d'économie, le respect de soi-même et des autres, pourrons-nous l'inspirer, l'inoculer à ceux qui viennent après nous?

Ah! j'entends ici tous ceux qui ont, depuis un siècle et demi, perdu la société et creusé de leurs mains l'épouvantable abîme au fond duquel nous sommes, je les entends traiter de *réactionnaires* tous ceux qui, comprenant que, depuis Voltaire surtout, la France a fait fausse route, tenteront de la faire sortir de la voie, pleine de précipices, où elle s'est engagée. Insensés, qui nous jetez ce nom comme un outrage, vous ne comprenez donc pas que l'homme qui a pris une fausse route et qui cherche à rentrer dans la bonne voie est un *réactionnaire?* Vous ne comprenez donc pas que le jeune homme qui cesse d'obéir à ses passions pour écouter la voix et les conseils de la vertu est un *réactionnaire?* Vous ne comprenez donc pas que tout individu qui tombe à l'eau et qui cherche à s'en tirer est un *réactionnaire?* Ah! nous voudrions bien que la France devînt ainsi *réactionnaire*. Car le salut n'est pour elle que dans cette réaction.

Oui, nous voudrions que la France brûlât ce qu'elle a adoré et qu'elle adorât ce qu'elle a brûlé depuis cent cinquante ans. Mais nous n'osons pas espérer qu'il en sera ainsi, qu'elle ouvrira les yeux et qu'elle reconnaîtra que les peuples, aussi bien que les individus qui s'éloignent de Dieu, ne peuvent que périr (1). Les châtiments qui ramènent au bien les bonnes natures aigrissent et endurcissent les mauvaises.

Fasse le ciel que la France ne s'opiniâtre pas à rester dans la voie qui conduit à la mort aussi bien les nations que les individus! Fasse le ciel que, comme l'ont fait souvent les Juifs et comme le firent les Ninivites à la voix de Jonas, elle apaise le courroux de Dieu et recouvre ses bonnes grâces! Enfin fasse le ciel qu'elle voie le bras de Dieu dans les fléaux qui l'accablent et qu'elle reconnaisse, avec le poète latin, que les dieux, trop négligés, savent se venger par des coups nombreux et terribles de l'indifférence impie dont ils peuvent être l'objet de la part de certains peuples.

Di multa neglecti dederunt
Hesperiæ mala luctuosæ. Horat.

Enfin, si Dieu n'a pas condamné la France à périr, si elle peut vivre encore des années et même des siècles, si elle peut triompher et sortir de la crise effrayante qu'elle éprouve en ce moment et qui la menace d'une fin prochaine, par qui pourra-t-elle être sauvée? Quels seront ses libérateurs?

Evidemment ce ne seront pas ceux qui l'ont précipitée dans l'abîme qui pourront l'en tirer; ce ne seront pas ceux qui l'ont blessée à mort qui pourront la guérir; ce ne seront pas ceux qui l'ont jetée à terre qui pourront la relever. Le salut ne viendra pas d'où est venue la ruine.

(1) Ps. LXXII, 27.

Ne l'espérons donc pas, ce salut, des hommes sans Dieu, des politiques sans croyances, sans convictions religieuses. N'attendons pas notre salut des disciples de Luther ni des fils de Voltaire. N'attendons pas notre salut des fausses théories sociales qui tuent les peuples comme une médicamentation inhabile, inintelligente, erronée, tue les malades.

Selon nous, le salut de la France n'est ni dans le doctrinarisme, ni dans le bonapartisme, ni dans l'orléanisme : il est dans le catholicisme.

Il n'est pas dans le doctrinarisme, parce que ce système politique est mêlé de beaucoup d'erreurs, et que l'erreur enfante le mal. — Il n'est pas dans le bonapartisme, parce que ce système est le césarisme ou le despotisme du sabre. — Il n'est pas dans l'orléanisme, parce que l'orléanisme est un système révolutionnaire dans son principe et dans son origine, un système bâtard dont le produit n'est ni une royauté ni une république, quoiqu'on ait dit au premier roi de ce système qu'il était « la meilleure des républiques ». La royauté constitutionnelle de Juillet a été antée sur l'échafaud de Louis XVI. C'est un arbre dont le pied est dans le sang du roi-martyr et du duc de Berry.

Le salut ne nous viendra donc que des hommes et des gouvernements qui seront franchement, sincèrement et pieusement catholiques.

Hors de là, point de salut pour la France.

VI

DE DIEU PAR RAPPORT A LA SOCIÉTÉ

Dieu, qui est le Créateur unique de toutes choses, conserve et exerce nécessairement sur elles un souverain domaine. Il les règle et les gouverne comme il les a créées.

« Dieu, dit Montesquieu, a du rapport avec l'univers comme Créateur et comme conservateur. Les lois selon lesquelles il a créé, sont celles selon lesquelles il conserve. Il agit selon ces règles, parce qu'il les connaît; il les connaît, parce qu'il les a faites; il les a faites, parce qu'elles ont du rapport avec sa sagesse et sa puissance. » « Ceux qui ont dit (c'est toujours Montesquieu qui parle), ceux qui ont dit qu'une fatalité aveugle a produit tous les effets que nous voyons dans le monde, ont dit une grande absurdité; car quelle plus grande absurdité qu'une fatalité aveugle qui aurait produit des êtres intelligents? Il y a donc une Raison primitive, et les lois sont les rapports qui se trouvent entre ELLE et les différents êtres et les rapports de ces différents êtres entre eux (1). »

(1) *Esprit des lois*, liv. Ier, chap. 1er.

Avant Montesquieu, Cicéron avait dit :

« La Providence gouverne le monde et les choses humaines, le monde entier et chaque créature (1). »

« Tout homme doit-être convaincu de cette vérité que Dieu est le Souverain Maître de toutes choses, qu'il voit au fond des cœurs et qu'il tient compte à chacun du bien et du mal, qu'il discerne les justes et les impies (2). »

« Si la foi en ce Dieu périssait, la société du genre humain périrait toute entière (3). »

Et Senèque :

« Le premier devoir de l'homme, c'est de croire en Dieu; le second, c'est de croire qu'il gouverne le monde, que sa Providence veille sur le genre humain et prend soin de toutes choses (4). »

Si telle est, au jugement même des sages païens, l'action directe, immédiate et incessante de Dieu dans ce vaste univers, il s'ensuit que cette action, nous devrions la voir, l'adorer et nous y soumettre plus que nous ne le faisons; il s'ensuit que nous devrions, plus que nous ne le faisons, la prier d'intervenir dans nos affaires publiques et privées.

« Il me parait, dit à ce propos un écrivain que nous avons déjà cité, il me parait hors de doute que le système moderne qui consiste à chasser Dieu de toutes nos affaires publiques et privées, pour renfermer la religion dans ses temples, est un monstrueux effet de

(1) *De Divin.*, num. 117.
(2) *De Legib.*, num. 25.
(3) *De Officiis*, num. ult.
(4) *Epist.*, 95.

l'orgueil. Dieu pourtant a tout créé, et, de fait, il gouverne tout ; mais l'homme se redresse et lui refuse obéissance ! nous sommes assez grands pour sortir de tutelle (1) ! »

Et non-seulement nous comptons Dieu pour rien, non-seulement nous nous conduisons en toutes choses comme s'il n'était pas, mais on en est venu, de nos jours, et surtout durant la seconde partie du règne de Napoléon III, c'est-à-dire depuis dix ans, à nier son existence comme jamais, en aucun lieu, on ne l'avait fait.

Qu'on lise sur ce sujet les deux éloquentes brochures l'*Athéisme ou le péril social* et les *Alarmes de l'Episcopat*, par Mgr Dupanloup, et on sera épouvanté de l'impiété furibonde qui s'est déchaînée en France et surtout à Paris à cette triste époque !

« On ne veut plus, s'écrie le prélat, résumant les affreuses doctrines qu'il signale à l'indignation du monde, on ne veut plus de Dieu, ni de la Providence, ni de la prière, ni d'aucune religion..... ce n'est pas seulement le christianisme, c'est Dieu, Dieu lui-même qu'on veut chasser du monde entier, de la raison, de la science, de la conscience, de la société ! Voilà le but de l'athéisme contemporain »

Et ce but a été avoué, proclamé dans les clubs de Belleville, de Montmartre et de Ménilmontant, dans les chaires évangéliques envahies par la Commune, dans les congrès de Genève et autres lieux, dans les programmes de l'*Internationale* (2) et dans une multitude

(1) H. Rohault de Fleury. *Vœu national.*

(2) Voir un procès-verbal ou programme de l'*Internationale*, — Le *Progrès national* de l'Aube, juin 1871.

de journaux, de revues et d'autres publications dont la France a été inondée.

Cependant « ôtez Dieu de ce monde, dit M. de Bonald, l'homme ne doit rien à l'homme ; la société n'est plus possible, et tout devoir cesse où il n'y a plus de pouvoir. » « Otez, dit Cicéron, la piété envers les dieux, et la bonne foi, la probité et la reine des vertus, la justice, disparaissent avec la société elle-même (1). »

Rendons donc, rendons donc à Dieu la place qui lui appartient et à laquelle il a droit dans la hiérarchie sociale, dans nos lois, dans le gouvernement, dans la famille, dans l'éducation, dans les choses de la vie privée.

« Dieu, dit Bossuet, décide de la fortune des Etats. Ecoutons le prophète : « Le Seigneur-Dieu frappera » Israël comme on remue un roseau dans l'eau et » l'arrachera de la bonne terre qu'il avait donnée à » leurs pères, et, comme par un coup de vent, il les » transportera à Babylone (2). »

« Tant est grande, continue Bossuet, la facilité avec laquelle il renverse les royaumes les plus florissants. »

Le grand évêque ajoute encore : « Il n'y a point de hasard dans le gouvernement des choses humaines, et la fortune n'est qu'un mot qui n'a aucun sens. »

(1) *Pietate adversùs deos sublata, fides etiam et societas humani generis et excellentissima virtus, justitia, tollitur.*

(2) III Reg. XIV, 15.

« Mais il n'y a dans le monde ni fortune, ni astre, ni étoile dominante. Rien ne domine que Dieu (1). »

Si ces principes sont vrais, nous avons dû être étonnés, durant la guerre désastreuse qui vient de mettre la France aux prises avec l'Allemagne, de n'avoir point vu le gouvernement impérial ni celui de la *défense nationale* demander des prières publiques à Celui qui s'appelle *le Dieu des armées* et *le Prince de la paix*.

« La libre et protestante Amérique, dit Mgr Dupanloup, priait et jeûnait naguère, au temps de ses calamités. La libre et protestante Angleterre donne le même exemple (2). »

Avant et après la guerre qu'il a faite à la France, le roi Guillaume a ordonné des actes ou services religieux.

Nous avons dû également voir avec peine plusieurs de nos généraux attribuer nos défaites, nos revers à *la fatalité*. MM. Jules Favre et Trochu sont les seuls, dans les hautes sphères où se traitent nos destinées, qui aient osé parler franchement de Dieu et prononcer son nom à propos des événements malheureux de cette époque.

Que nos gouvernants, à quelque degré qu'ils soient de la hiérarchie sociale, que les fonctionnaires de haut et de bas étage ne vivent et n'administrent plus en athées. Qu'ils ne rougissent plus de paraître croire en Dieu et de lui rendre un culte et des hommages

(1) *Politique sacrée*, p. 469.
(2) L'*Athéisme et le Péril social*, p. 56.

publics. Qu'ils se souviennent de cette parole de Voltaire : « Philosophez tant que vous voudrez entre » vous ! mais si vous avez une bourgade à gouverner, » il faut qu'elle ait une religion. » Mais pour que cette bourgade ait une religion, il faut que ceux qui la gouvernent, que ceux qui sont à sa tête en aient une ; car la religion descend du haut en bas et des chefs dans les inférieurs. Or, pour qu'elle descende des grands dans le peuple, il faut qu'elle soit, dans les supérieurs, vraie, sincère et non pas hypocrite ; il ne faut donc pas que ceux qui gouvernent *philosophent entre eux*, c'est-à-dire qu'ils brûlent en secret ce qu'ils adorent en public, car alors leur religion ne serait qu'hypocrisie, et bientôt elle serait démasquée et frappée d'impuissance et de stérilité ; elle manquerait son but, et ne ferait des dépositaires du pouvoir que des comédiens.

VII

NÉCESSITÉ D'UNE RELIGION DANS LA SOCIÉTÉ

Nous venons d'entendre le patriarche de l'incrédulité moderne, Voltaire, proclamer envers et contre tous les philosophes de son école la nécessité d'une religion pour le gouvernement de la moindre *bourgade*. De son côté, Montesquieu qui, en bien des points, ne se rapproche que trop des principes du philosophe de Ferney et de ses disciples, a écrit dans l'*Esprit des lois* : « La religion, *même fausse*, est le meilleur garant que les hommes puissent avoir de la probité des hommes (1), » et ailleurs, rendant hommage à l'esprit du christianisme, il dit : « La religion chrétienne par l'établissement de la charité, par un acte public, par la participation aux mêmes sacrements, semble demander que tout s'unisse (2). »

Le même écrivain a dit encore : « Chose étonnante ! la religion qui semble n'avoir d'autre but que la féli-

(1) *Esprit des Lois*, liv. XIV, c. XIV, p. 424.
(2) *Ibid.*, liv. XIV, c. XIV, p, 424.

cité de l'autre vie, fait encore notre bonheur en celle-ci (1) ! »

Et c'est cependant cette religion que, de nos jours, d'innombrables ennemis veulent anéantir. Les Néron, les Déce, les Maxence, les Dioclétien n'ont pas eu contre elle plus de haine, disons le mot, plus de rage que n'en montrent les chefs et les agents subalternes des sociétés secrètes, de la presse anti-catholique. Les habitués des clubs de Belleville et Montmartre, les adhérents aux congrès impies de Lauzanne et de Genève, les rédacteurs et les lecteurs des journaux révolutionnaires. « Ah ! s'écrie à ce sujet l'immortel évêque d'Orléans, je ne puis me défendre de cette douloureuse réflexion : « Combien notre nature est corrompue ! Il y a six mille ans que l'homme est sur la terre ! Il y a dix-huit cents ans que l'Evangile est prêché : Dieu, l'âme, la vertu, le ciel devraient être des vérités acquises, incontestées, le pain quotidien, le premier trésor de tous les hommes. Nullement ! ce trésor, on nous le conteste encore ! Et que de funestes esprits viennent contester ces vérités premières à la face de notre vieille et légère société, et que notre société, sans s'inquiéter un moment, sans se demander où ces docteurs d'impiété et d'immoralité la mènent, continuent avec in-

(1) *Ibid.*

M. de Tocqueville dit aussi dans ses belles études sur l'Amérique : « C'est par une espèce d'aberration de l'intelligence et à l'aide d'une sorte de violence morale exercée sur leur propre nature que les hommes s'éloignent des croyances religieuses. Une pente invincible les y ramène. L'incrédulité est un accident, la foi seule est l'état permanent de l'humanité. »

(*De la Démocratie en Amérique*, t. I. p. 559.)

souciance ses affaires et ses plaisirs, et que, ce qui est plus triste, elle réserve à ces doutes impies l'attention et quelquefois la faveur et la célébrité qu'elle refuse si souvent à ceux qui ne lui parlent que le langage du bon sens, de la vertu et du respect, ah ! voilà de quoi confondre et faire rougir de notre pauvre humanité.

» Toujours las de la vérité ancienne, jamais attristé de l'erreur nouvelle, et ne prévoyant jamais les abîmes où il court, voilà l'homme ! Et il lui faut des coups de tonnerre, et quelquefois un siècle entier de douleurs effroyables pour lui faire retrouver le bon sens et l'honnêteté perdue (1). »

Hélas ! ce « siècle entier de douleurs effroyables », la France vient de le traverser. Ces coups de tonnerre, elle les a entendus à diverses reprises, et l'univers entier les a entendus avec elle ! Eh bien, sommes-nous corrigés ? Sommes-nous améliorés ? Avons-nous ouvert les yeux ? Sommes-nous convertis ? Ah ! ce serait le cas de s'écrier ici, après un autre grand et célèbre écrivain : « Je lis encore la révolte sur des fronts cicatrisés par la foudre des vengeances divines (2). »

Et cependant quelle est cette religion que les impies rejettent comme un vêtement usé, comme un tronc vermoulu, comme une pièce démonétisée ? Ecoutons, sur son compte, l'illustre et profond auteur de de la *Théorie du pouvoir*.

« Chrétiens, s'écrie-t-il, il est temps de justifier notre foi ; philosophes, il est temps de justifier votre

(1) L'*Athéisme et le Péril social*, p. 148.

(2) Lamennais, *Essai sur l'Indifférence*, t. I, p. 100.

incrédulité. Le grand procès de la religion et de la philosophie n'a que trop duré : Sachons enfin, si elle est l'ouvrage de l'homme, si elle doit sa naissance à l'imposture, ses progrès à la crédulité, son empire à l'habitude. Cette religion qui ne détruit pas les passions indestructibles de l'homme dépravé, mais qui a fait cesser tous les crimes de l'homme-social, et les affreux sacrifices du sang humain, et le culte infâme de la prostitution, et les jeux barbares du cirque, et le trafic imposteur des oracles, et l'oppression de la faiblesse du sexe par le divorse ou la polygamie, et l'oppression de la faiblesse de la condition par l'esclavage, et le plus monstrueux de tous les crimes, l'apothéose de l'homme ; cette religion « à laquelle nous devons, et dans le gouvernement un certain droit politique, et dans la guerre un certain droit des gens que la nature humaine ne saurait assez reconnaître (1). » Sachons si elle n'est qu'une faiblesse de cœur, cette religion qui a produit dans la société des vertus si courageuses ; si elle n'est qu'une illusion et une erreur de l'esprit, cette religion qui résiste, depuis dix-huit siècles, à la persécution du glaive et à la persécution du raisonnement ; à la persécution de la pauvreté et de l'abaissement ; à la persécution des richesses et de l'empire ; à la persécution du scandale dans ses ministres, et à la persécution de l'ignorance et de l'ingratitude dans ses enfants ; à la persécution du ridicule de la part de ses ennemis, et à la persécution, plus dangereuse, de l'indifférence de la part de ses disciples ;

(1) *Esprit des Lois.*

cette religion qui, sourdement combattue, pendant un siècle, par toutes les ressources du génie, attaquée à force ouverte par tous les moyens de l'autorité, renait de toutes parts comme ces feux mal étouffés dont l'activité concentrée se manifeste par des jets de flammes, avant-coureurs d'une éruption générale ; ou comme ces plantes vivaces qui abandonnent leurs feuilles à la dent d'un animal vorace, mais dont les racines trouvent un asile inviolable dans les flancs impénétrables du rocher (1). »

Voilà cette religion dont les impies et les athées de nos jours demandent et poursuivent avec acharnement l'abolition en France ! Sous prétexte de *séparer l'Eglise de l'Etat*, c'est l'athéisme qu'ils veulent.

Mais ne voient-ils pas, les insensés, que, comme dit Montesquieu, la religion, *même une religion fausse*, est l'âme de toute société. « Rome, dit le même philosophe, était un vaisseau tenu par deux ancres dans la tempête, la religion et les mœurs (2). »

Si donc la religion est à une société ce que l'âme est au corps, si la religion est aussi nécessaire à une société, à un Etat que l'âme l'est au corps humain pour qu'il vive, il suit qu'attaquer, qu'affaiblir la religion dans les esprits et dans les cœurs, c'est attaquer et affaiblir l'Etat lui-même, c'est être ennemi de son pays et faire œuvre de mauvais citoyen.

« L'homme, dit M. de Bonald, l'homme meurt par l'absence ou la séparation de sa partie intelligente, et

(1) *Théorie du Pouvoir*, t. II. p. 6 et 7.
(2) Livre VIII, chap. XIII, p. 293.

la décomposition de sa partie matérielle. Une société peut finir par la destruction de sa partie intérieure ou spirituelle qui est la religion, et le démembrement des parties extérieures et matérielles dont elle est composée. Ainsi a fini l'empire romain ou la société de l'univers idolâtre. La société religieuse et la société politique périrent à la fois ; la religion de l'empire fut détruite et ses provinces envahies et démembrées. Ce fut une grande révolution dans l'univers. J'en approfondis la cause, j'en observe les effets ; je la rapproche de cette révolution dont l'Europe est le témoin et la victime : il me semble que le grand rideau se tire et que le présent et le passé me dévoilent l'avenir (1). »

Hélas ! oui, le passé et le présent nous dévoilent l'avenir, et cet avenir est effrayant !

Les Prussiens d'Allemagne, les Prussiens du dehors ont commencé, cette année, en nous enlevant l'Alsace et la Lorraine, le démembrement des *parties extérieures et matérielles* de la France, et les Prussiens de France, les Prussiens du dedans, travaillent avec une ardeur frénétique à tuer chez nous la foi, la piété et la crainte de Dieu. Ils travaillent donc, par là même, à tuer la France !

Que ses gouvernants y songent donc ! Loin d'avoir peur de la religion. loin de redouter son sage et bienfaisant empire, qu'ils fassent tous leus efforts pour qu'elle soit respectée et florissante ; car plus elle le sera, plus l'Etat aussi sera heureux et prospère :

(1) *Théorie du Pouvoir*, t. I. p. 339 et 340.

« La société civile n'a commencé dans l'univers qu'avec l'établissement du culte public de la religion chrétienne ; et la France est revenue à l'état sauvage, lorsqu'il y a été aboli ; le gouvernement et la religion vont s'affaiblissant de concert ; bientôt la division du pouvoir entraîne la division du culte et l'abolition de tout culte public suit de près l'anéantissement de tout pouvoir général..... Alors des courtisanes sont les divinités, des bourreaux sont le pouvoir, et l'idolâtrie la plus impure s'élève à côté du despotisme le plus féroce (1).

La France l'a vu hélas ! en 1793, et elle vient de le voir en 1871. Le reverra-t-elle encore ? tout le fait craindre, et rien ne nous promet, de la part de notre pays, un retour vrai et sincère à l'ordre, à la justice, à la piété et aux principes qui sont la vie des sociétés. Avant d'exercer sur les divers malades et infirmes qui lui étaient présentés sa divine puissance, Jésus leur demandait s'ils voulaient être guéris, *vis sanus fieri* (2) ? Sans doute, il est disposé à nous guérir, à nous sauver comme ces malades ! Mais le voulons-nous ? Voulons-nous faire ce qu'il nous prescrira pour cela ?

Il y a, hélas ! lieu d'en douter ; et nous avons plus de craintes que d'espérances.

La nation française qui, après les dures et humiliantes épreuves qu'elle vient de subir devrait si naturellement être sérieuse et recueillie, la nation française, aussitôt que le canon n'a plus grondé et qu'elle n'a plus vu les

(1) Tome I, p. 168 et 169.
(2) *Joan.*, V, 6.

cohortes prussiennes, est redevenue frivole et légère comme auparavant.

Paris surtout, Paris cette cité que ses malheurs, ses crimes et les châtiments du ciel semblent avoir enfoncée encore plus avant dans le bourbier du vice et de l'impiété, Paris ne pleure pas, ne gémit pas sur les ruines de ses monuments ni sur le sang innocent et sacré qui a coulé dans ses murs. Paris afflue dans ses théâtres et laisse ses temples vides. Il a dansé sur les cendres de Saint-Cloud et parmi ces décombres, que deux guerres terribles ont amoncelés à ses portes et dans son enceinte. Il danserait sur le bord d'un abîme, à la lueur des éclairs et sous les coups de l'orage. Or, comme l'a dit un de nos députés les plus marquants : Un peuple qui, dans de pareilles circonstances, ne rentre pas en lui-même, ne se recueille pas, est un peuple perdu et dont il faut désespérer.

VIII

NÉCESSITÉ D'UNE RELIGION POUR LA SOCIÉTÉ

(Suite)

Se peut-il qu'à une époque où le monde compte près de six mille ans d'existence et le christianisme près de deux mille, il faille encore démontrer et prouver la nécessité d'une religion dans toute société humaine. Se peut-il qu'après tant d'années, il faille en appeler à la raison et à l'histoire pour convaincre les hommes de cette nécessité et pour les forcer à admettre que Dieu a droit à des hommages de leur part et qu'ils doivent les lui rendre?

Et voilà cependant où nous en sommes arrivés de nos jours!

On nie effrontément que l'homme doive rien à Dieu.

La question n'est plus de savoir si *parmi tant de religions qui s'excluent l'une l'autre*, comme l'a dit Rousseau, *une seule est vraie*, et quelle est celle qui a la vérité pour elle : on les rejette toutes comme des préjugés et des inventions de l'homme. On ne se dispute plus sur la question de savoir si telle ou telle proposition est vraie et conforme à la révélation, à l'enseignement de l'Église, mais on nie la révélation et l'institution divine de l'Église, et il n'y a que quelques jours, un journal anglais (1) (de quoi se mêlait-il ?) demandait qu'il n'y ait plus chez nous de religion d'État. Or, que signifie cette demande, qui est aussi celle de tant d'organes de la presse, si ce n'est que l'État n'ait plus de religion, qu'il soit athée, qu'il soit impie et ne rende aucun culte, aucun hommage public à la divinité.

Cependant n'y a-t-il pas, en Angleterre aussi bien qu'en Russie, en Prusse, en Autriche, en Espagne et partout, excepté peut-être en Amérique, une religion d'Etat? Vous voulez, dirons-nous à ces ennemis de Dieu et des hommes, que les gouvernements ne professent aucun culte, par ce que vous espérez que quand les gouvernements seront athées, les peuples le deviendront aussi. Voilà le but secret, le but inavoué de vos systèmes de séparatiou complète de l'Église et de l'État.

Mais écoutez la parole grave et solennelle d'un homme de bien et de génie « une nation sans Dieu, sans foi, ne croyant plus à l'âme ni à la loi de Dieu ni à la vie future, mais seulement au temps et à la matière. ..... Je ne crains pas d'affirmer qu'une telle nation deviendrait en dix ans un peuple effroyable : on n'y peut arrêter un moment sa pensée sans frémir (2). » Les ruines récentes et les affreux massacres de Paris en sont l'épouvantable et incontestable preuve.

(1) Le *Post*.
(2) L'*Athéisme et le Péril social*, p. 162.

Ces actes de barbarie, de sauvagerie, sans exemple dans l'histoire, n'ont-ils pas été précédés dans les clubs, puis dans nos églises envahies, de prédications immorales et impies ? n'ont ils pas été précédés et amenés par les journaux, par les revues, les brochures et discours de la libre-pensée, de la libre-morale, de la libre-conscience pendant les dix dernières années du règne qui a creusé et préparé l'abîme où il est tombé lui-même ?

« Les négations dogmatiques conduisent inévitablement au négations morales (1) », et prêcher l'athéisme c'est prêcher tous les crimes. On l'a dit, et on ne saurait trop le répéter : l'indépendance ou la révolte dans les pensées, dans les paroles et dans la presse amène forcément l'indépendance et la révolte dans les actes. Les négations dogmatiques, venons-nous de dire, conduisent inévitablement aux négations morales et les erreurs aux crimes. « Il y a toujours de grands désordres, dit M. de Bonald, là où il y a de grandes erreurs (2). »

« Semer, répandre l'athéisme, c'est donc semer, répandre le germe de tous les crimes et la perturbation de tout l'ordre social. Oserons-nous le dire ? Ce qui fait que tout vacille aujourd'hui, littérature, arts, science, politique et philosophie, c'est que nulle part ne s'élève ni croyance, ni vérité absolue. Et l'on s'étonne que le monde social soit agité ! comment un édifice sans base ne chancèlerait-il pas, comment

(1) *Ibid.*

(2) Cité par Mgr Dupanloup, l'*Athéisme et le Péril social*, p. 152.

croire à une harmonie durable là où commandent seules des passions du moment (1) ? »

Ah ! il est temps de mettre les devoirs à la place des passions, et les principes à la place des négations. Il est temps et grand temps de rendre ou de donner à la religion l'empire qu'elle doit avoir sur les consciences. Il est temps que grands et petits, riches et pauvres, patrons et ouvriers, maîtres et serviteurs, fonctionnaires et administrés reconnaissent son autorité et s'y soumettent humblement. « Des hommes politiques ont pensé quelquefois, dit Mgr Dupanloup, qu'ils pouvaient, tout en s'affranchissant eux-mêmes de la foi religieuse, maintenir le peuple dans la religion : cette erreur ne peut plus tromper personne.

» Le peuple comprend aujourd'hui que s'il n'y a pas de religion pour les riches et les lettrés, il n'y en a point pour lui ; et que si la religion n'oblige pas tout le monde, elle n'oblige personne.

» La religion est la première sauvegarde des sociétés, parce qu'elle est, pour le riche et pour les savants, comme pour le peuple et pour les pauvres, la première des vérités et le premier des devoirs.

» Qu'on ne se fasse donc pas d'illusion : tout se tient dans une nation.

» Lorsque les hautes classes de la société et la jeunesse française lisaient d'Holbach et Diderot, on pouvait prévoir que le *Père Duchesne* serait bientôt crié dans les rues, et que lui et ses pareils ne tarderaient pas à

(1) M. Ancelot, *Eloge de M. de Bonald.*

être les maîtres de la France et à la gouverner selon leurs principes (1). »

Le *Père Duchesne* a ressuscité de nos jours!... et l'on sait comment *lui et ses pareils*, comment les hommes de la *Lanterne*, de la *Marseillaise*, du *Rappel*, du *Mot d'ordre*, du *Réveil*, du *Bonnet rouge*, etc. ont administré Paris et gouverné la capitale devenue par excès une caverne de brigands, et comment ils auraient gouverné et administré toute la France, toute l'Europe, le monde entier, si les jours de leur sauvage et barbare despotisme n'avaient été abrégés.

Grâce à Dieu, ils l'ont été; mais ils ont assez duré pour faire voir, encore une fois, ce que la société doit craindre d'hommes sans Dieu. Rallions-nous donc tous, oui, tous sans exception, autour des principes religieux et sous l'étendard sauveur du Christ.

Que ceux qu'on appelle grands ne se croient plus dispensés d'adorer et de servir Dieu, et qu'ils ne renvoient pas avec dédain la religion au peuple. « Quand une fois, dit à ce sujet l'éloquent auteur de l'*Essai sur l'indifférence*, quand une fois ce sera une opinion admise que la religion n'est qu'un leurre dont on amuse le peuple, qui voudra être peuple et s'imposer des devoirs pénibles pour acquérir la flatteuse réputation d'un sot? Chacun, prenant modèle sur la classe au-dessus de soi, pensera s'élever en ne croyant pas, et n'en répétera pas moins, d'un ton dédaigneux, que la religion est nécessaire au peuple. Les grands la renverront avec mépris aux magistrats; les magistrats à la bourgeoisie;

(1) *L'Athéisme et le Péril social*, p. 160 et 161.

la bourgeoisie aux artisans; les artisans aux simples manœuvres; et ceux-ci aux derniers mendiants, de qui elle essuiera les rebuts. Semblable à ces messagers divins dont il est parlé dans nos saints livres, cette fille du ciel, étrangère au milieu de la société, et y cherchant en vain un lieu de repos, sera réduite à s'asseoir sur les pierres des places publiques, entourée d'une foule moqueuse, qui rougirait de lui offrir un asile hospitalier (1). »

(1) Tome I, ch. II, p. 93.

IX

EFFORTS FAITS EN CES DERNIÈRES ANNÉES POUR RENDRE LA FRANCE IMPIE

Il y a deux sortes d'impiété : L'impiété négative et l'impiété positive.

Nous appelons impiété négative celle qui consiste à n'être pas pieux ou, comme on dit vulgairement, *dévot*, et à ne pas remplir les devoirs que Dieu lui-même nous impose.

C'est contre cette impiété négative, qui est l'absence de tout culte, de toute religion, que le célèbre Lamennais, qui commença comme Tertulien et qui finit comme lui, et même plus malheureusement que lui, composa, au commencement de ce siècle son fameux *Essai sur l'indifférence en matière de religion*, ouvrage dont l'apparition fit une si grande sensation, et dont la préface est un chef-d'œvre d'éloquence chrétienne, un chef-d'œuvre de pensée et de style.

L'impiété positive consiste dans des pensées, des paroles ou des actes de rébellion contre Dieu même. C'est la guerre à Dieu, à son culte, à ses ministres, à ses lois et aux vérités qui nous viennent de lui. C'est là, par excellence, le crime de lèse-majesté divine.

Ces deux sortes d'impiétés sont les deux chancres, les deux ulcères qui rongent notre société ; et, dans cette société, un nombre infini de victimes sont atteintes de ce mal.

Cette contagion a envahi toute l'Europe et spécialement l'Italie et la France.

Elle fait, surtout chez nous, d'épouvantables ravages, et nous menace d'un athéisme complet.

Ecoutons, sur ce point, le sage et profond auteur de la *Théorie du pouvoir politique et religieux* : « Si la révolution générale est impossible par le retour immédiat du christianisme au polythéisme (ou paganisme), la révolution, au moins partielle, du christianisme à l'athéisme extérieur et social ou à l'abolition de tout culte public est malheureusement possible, parce qu'elle est conforme à la nature dépravée de l'homme ou à ses passions, et à la nature dépravée de la société ou à sa déconstitution. Cette révolution (c'est toujours le même auteur qui parle), cette révolution doit arriver lorsque la raison de l'homme sera égarée par les passions, et la société dissoute par l'extinction du pouvoir social ou général. Le projet de cette révolution existe et n'est pas un secret. L'exécution en est commencée depuis longtemps, et son succès n'est pas une chimère (1).

Eh bien, nous le demandons : celui qui a écrit ces lignes a-t-il vu juste? S'est-il trompé? Cette révolution qu'il disait devoir arriver *quand la raison de l'homme serait égarée par les passions, et la société*

(1) Tome Ier, p. 340.

dissoute par l'extinction du pouvoir social, cette révolution est-elle venue? Le projet de cette révolution existait-il? L'exécution en était-elle commencée? et son succès était-il une chimère?

Ah! Les dates néfastes de 1830, de 1848, de 1871, répondent.....

Commencée en 93, mais décidée, arrêtée et préparée à la naissance des sociétés secrètes, et dès l'établissement des loges maçoniques, cette révolution vient d'éclater pour la quatrième fois d'une manière formidable dans les mois d'avril et de mai 1871.

Le clairvoyant philosophe avait donc raison de dire plus loin :

« Le projet de la révolution du christianisme à l'athéisme extérieur ou à l'abolition de tout culte public a donc existé... Mais qu'on ne s'y trompe pas!... il existe encore ; il n'est pas abandonné, et quelle qu'en soit la cause, il ne le sera jamais. A des mesures exagérées qui ne convenaient plus, ont succédé des moyens plus doux qui conviennent beaucoup mieux (1). »

Et ces *moyens plus doux* ont été surtout pris et employés depuis douze à quinze ans avec une ardeur, une astuce, et une persévérance incroyables.

Donnons ici la parole au prélat qu'on pourrait appeler l'Hercule de l'Eglise en France :

« Je vois se faire, depuis quelque temps, en France, des efforts vraiment extraordinaires pour propager l'impiété, l'immoralité, les théories les plus antisociales, sous prétexte de propager l'enseignement. Ce

(1) Ibid., p. 345.

n'est plus seulement, comme autrefois, par les journaux, par les livres qu'on attaque la religion, la morale, les éternels principes de l'ordre ; on les attaque avec cette arme profondément perfide et redoutable d'un enseignement corrupteur. Sous le couvert d'un but excellent, sous prétexte de propager l'instruction et de faire la guerre à l'ignorance, on propage l'incrédulité, on fait la guerre à la religion et on prépare, bon gré, mal gré, la ruine de tout ordre moral et social. »

L'invincible athlète de la religion, de la morale et de la société passe ensuite en revue les *moyens* employés pour atteindre ce but impie qu'on se proposait d'atteindre, « c'étaient d'abord ces écoles fondées et tenues par des femmes libre-penseuses dans le but formel, avoué et proclamé de former des jeunes filles libres-penseuses comme leurs institutrices, écoles d'où la religion est rigoureusement exclue, d'où la prière chrétienne est bannie, où l'éducation se fait par la seule morale indépendante et où l'on ne donne aux élèves, pour la vie et pour la mort, d'autre phare que la libre-pensée, c'est-à-dire l'athéisme spéculatif et pratique ou l'incrédulité et l'immoralité.

» C'était, en second lieu, la ligue maçonique pour l'enseignement irreligieux et dont l'enseignement, comme celui des écoles professionnelles, repose sur le grand principe de la religion exclue définitivement et complétement de l'éducation.

» C'étaient, troisièmement, les cours publics ou conférences littéraires, qui n'ont été que de nouvelles armes perfectionnées contre la religion et des tribunes du haut desquelles, sous prétexte de libre-recherche, on a pu battre en brèche les croyances les plus sacrées.

» C'étaient, quatrièmement, le positivisme, le panthéisme, le matérialisme et l'athéisme, tous systèmes d'accord, au fond, pour nier Dieu, l'âme humaine, le libre-arbitre, la vie future et les fondements de tout ordre moral et social, et qui firent une véritable invasion dans l'enseignement de cette époque où le matérialisme était triomphant à l'école de médecine de Paris, félicité à l'école normale, applaudi à l'école des beaux-arts en la personne du révolutionnaire Courbet, devenu plus tard membre de la Commune, et affiché en plein Sénat « par la bouche d'un homme qui était, comme tous ses collègues, sénateur par la grâce de Napoléon III, et sans doute aussi par celle de Jérôme Napoléon, son trop intime ami. »

» C'était, en cinquième lieu, une propagande active, énergique, incessante de tous les ennemis de la religion, de la morale, de l'ordre et de la société ; en un mot de tout ce qu'il y a de saint et de respectable parmi les hommes. Ses moyens d'action étaient : les écoles, les cours publics et autorisés, les livres savants, ou non, où les doctrines rationalistes, matérialistes et athées étaient hautement enseignées, mille publications périodiques, renfermant ces mêmes poisons, d'innombrables feuilles légères ou petits journaux rédigés dans le même esprit et le même but.

» C'étaient, sixièmement, la réimpression, le colportage et la vente des productions les plus malsaines du XVIIIe et du XIXe siècles, rééditées et livrées à vil prix, sous des noms merveilleusement faits pour tromper le peuple, c'est-à-dire l'impiété, l'irreligion, le matérialisme, l'athéisme et l'immoralité la plus honteuse mis en circulation dans les villes, dans les campagnes et jusque dans les plus petits hameaux.

» C'était, enfin, pour répandre tous ces livres et ces doctrines (tous ces poisons), l'ardente propagande de mille sociétés qui, sous des noms divers, se formaient à Paris et dans les provinces pour fonder des bibliothèques qui étaient autant d'arsenaux où s'amassaient, où s'entassaient toutes sortes d'armes destinées à battre en brèche la religion, la société, la morale, en un mot toutes les saintes et grandes choses. »

Le courageux pontife termine cette sorte de *réquisitoire* ou acte d'accusation contre le pouvoir de ce temps-là par cet énergique résumé :

« Il est donc vrai : la guerre contre la religion chrétienne, la guerre contre Dieu, contre l'âme, contre la vertu, contre tout ce qui, jusqu'à ce jour s'était nommé les vérités fondamentales, le sens moral, les principes de l'ordre, la guerre contre tout cela a été organisée en France depuis quelques années et se fait avec un ensemble, une suite et des appuis qu'elle n'a n'a jamais eus. Pour peu que cette situation se prolonge, les plus effroyables catastrophes sont inévitables (1). Ces dernières paroles ont elles été prophétiques? *Les plus effroyables catastrophes sont-elles venues ?* Demandez-le aux ruines, aux cendres des *Tuileries* et demandez-le au sang des otages! Demandez-le aux deux cent mille combattants de la Commune ; deman-

(1) *Les Alarmes de l'Épiscopat. Passim.*

dez-le à ces milliers de femmes devenues des tigresses, à ces milliers d'enfants devenus de petits tigres. Qui avait égaré, enivré, *grisé* d'impiété et d'immoralité toute cette populace altérée de sang, affamée de destruction, sinon les hommes impies qui « par la plume, par la parole ou par l'exemple avaient travaillé, pendant ces dernières années surtout, à démolir les croyances et la religion de ce peuple ? (1) «

Quel est celui d'entre vous, écrivains corrupteurs, qui, en contemplant les désastres de Paris et le sang qui a teint tous les pavés de ses rues, pourrait dire : « Je suis innocent de ces ruines et de ce sang ! » Qui d'entre vous oserait se laver la main qui a tenu la plume d'où a coulé le poison mortel, par lequel tout ce peuple a été empoisonné ? Ah ! craignez, craignez qu'un jour ce sang ne crie vengeance contre vous et ne vous accuse devant Celui qui a dit au premier fratricide : « Caïn, où est ton frère Abel ! Qu'as-tu fait de ton frère (2) ? »

(1) Mgr Dupanloup, dans une brochure récente.
(2) Gen., IV, 9, 10.

X

DU POUVOIR OU GOUVERNEMENT

Le pouvoir est l'âme, ou, si l'on veut, la tête de la société.

Il la fait mouvoir, la conduit la dirige, comme l'âme ou la tête fait mouvoir, conduit et dirige le corps humain.

Les *bouleverseurs* utopistes de l'*Internationale* n'admettent pas de pouvoir, et ne veulent pas de président dans leur société, parce que les bêtes qui, selon *ces mesieurs,* sont les types et les modèles que l'homme doit copier et à la hauteur desquels il doit s'efforcer d'atteindre, n'en ont pas.

Mais les bêtes n'ont pas non plus de secrétaires. Pourquoi donc en donner à l'*Internationale*? Insensés qui ne comprennent pas qu'une société ne peut pas plus subsister, agir et fonctionner sans une autorité, qu'un corps ne peut subsister, agir et fonctionner sans tête !

La révélation dit : « Tout pouvoir vient de Dieu (1), et résister au pouvoir, c'est résister à Dieu lui-

(1) *Non est enim potentas nisi a Deo.* Rom., XIII.

même (1). » La philosophie et la révolution, sa fille, disent : « Tout pouvoir vient de l'homme, et l'insurrection est le plus saint des devoirs. »

Qui ne voit de suite l'énorme différence qu'il y a entre ces deux doctrines et les suites ou conséquences qu'elles doivent avoir ?

Le fruit de l'une est la soumission, l'obéissance aux « puissances établies (2), » l'autre ouvre la porte à toutes les révolutions. L'ordre, la tranquillité, la paix sont les fruits de la première. Avec la seconde, vous avez un désordre incessant, une perpétuelle agitation. Grâce à la première, vous voguez sur une mer toujours calme et sereine. Vous êtes toujours, avec l'autre, battu par la tempête et en danger de faire naufrage.

Et pourtant, c'est celle-ci qui prévaut de nos jours et dans les pensées et dans les institutions politiques et sociales. C'est elle qui fait nos révolutions et qui se charge d'y mettre fin ; elle qui fait les plaies et qui prétend les guérir ; elle qui renverse et se croit apte à reconstruire, elle qui creuse les abîmes et croit pouvoir seule les combler !

« La fin de tout pouvoir est le bien ou la prospérité de la société, dont il est l'âme, le bien moral d'abord, le bien physique et matériel ensuite. »

De là la nécessité pour tous les fonctionnaires ou dépositaires du pouvoir, c'est-à-dire pour les rois, pour les empereurs, les ministres, les préfets, les généraux, les maires, de prendre pour devise cette belle

(1) *Qui potestati resistit, Dei ordinationi resistit*, 7 ibid.
(2) *Omnis anima potestatibus sublimioribus subdita sit*, ibid.

parole de l'apôtre : *Omnia impendam et super impendar ipse pro animabus vestris* (1), et cette autre du Sauveur : « Le plus grand entre vous sera le serviteur de tous (2). » La fin du gouvernement est le bien et la conservation de l'Etat, dit Bossuet (3). »

Mais pour faire *le bien*, pour *conserver l'État*, pour travailler à la prospérité des citoyens, il faut que le pouvoir soit libre dans ses mouvements, dans ses opérations. Sans doute il ne faut pas qu'il soit libre de faire le mal, mais il faut qu'il soit libre de faire le bien.

Et, de nos jours, tous les efforts des peuples tendent à diminuer le pouvoir, à amoindrir le pouvoir, à enchaîner le pouvoir et même à annihiler le pouvoir.

Il faut, dit-on, que les peuples fassent leurs affaires eux-mêmes.

Eh bien, nous dirons, nous, que jamais les peuples ne seront assez instruits, assez sages, assez intelligents, assez d'accord, pour faire leurs affaires eux-mêmes, c'est-à-dire pour pouvoir se passer d'un gouvernement. Autant vaudrait dire que les bras et les jambes pourront se passer de la tête.

Nous croyons, nous, au contraire, que le meilleur système de gouvernement serait celui qui se résumerait en ces mots : « *Tout pour le peuple : rien par lui.* » *Tout pour le peuple!* voilà le dévouement, l'abnégation, le sacrifice! mais *rien par lui!* parce que le peuple

(1) II Cor., XII, 15.
(2) Marc, X, 44.
(3) *Politique sacrée.*

n'est pas fait pour gouverner, mais pour être gouverné. Est-ce qu'il a l'instruction, la science, le jugement, la modération, la prudence, la clairvoyance nécessaire pour gouverner? Ah! loin de là, le peuple est ordinairement aveugle sur ses vrais intérêts; il est toujours un instrument dans les mains des ambitieux et des ennemis de la chose publique; toujours prêt à écouter, à élever, à seconder ceux qui se flattent pour arriver par lui au pouvoir, et à briser ses vrais amis. Il faut, la plupart du temps, faire du bien aux hommes malgré eux, comme on peigne et comme on débarbouille les enfants malgré leurs cris et leurs trépignements. Que le pouvoir vise toujours à mériter l'estime, l'amour et l'affection des bons; mais qu'il soit toujours aussi la terreur des méchants, *probis amor, terror reis*.

Sans doute il serait bien meilleur et bien plus désirable d'être l'amour de tous; mais cela n'est pas possible, surtout dans les temps d'agitations et de dissentions civiles où chacun dit: « qui n'est pas avec moi est contre moi, et qui n'amasse pas avec moi dissipe (1). » Et où l'on est naturellement porté à haïr tout ce qui est contraire à ses idées et à ses opinions.

Que le pouvoir soit donc ferme, énergique, vigoureux pour le bien.

« *Rois, gouvernez hardiment*, a dit Bossuet. Sur quoi M. de Bonald fait cette réflexion: « Ce n'est pas un général d'armée qui parle ainsi, mais un évêque; et les deux ministères les plus heureusement hardis

(1) *Qui non est mecum contra me est; qui non colligit mecum, dispergit.* (Luc, XI, 23.

qu'il y ait eu en Europe sont, en France, celui d'un cardinal, encouragé par un capucin, et, en Espagne, celui d'un cordelier devenu cardinal (1). »

Le même Bossuet dit encore :

« Le prince (et par ce mot entendons tout gouvernement), quel qu'il soit, le prince doit être ferme.

» Si le prince craint le peuple, tout est perdu.

» C'est être l'ennemi du peuple que de ne pas lui résister en certaines occasions.

» La crainte de fâcher, poussée trop avant, dégénère en faiblesse criminelle.

» L'autorité royale (il faut en dire autant de toute autorité), l'autorité royale doit être invincible. On entreprend aisément contre un prince faible.

» Tout prince faible est injuste ; et ses faiblesses sont pernicieuses aux particuliers, à l'État et au prince même, quand il se laisse entamer (2).

» La fermeté est un caractère essentiel au Pouvoir. Dieu la recommande lui-même à Josué (3).

» La mollesse est l'ennemie du Gouvernement. La main des forts dominera ; la main nonchalante paiera tribut (4).

» Celui qui veut mollement veut sans vouloir. Il n'y a rien de moins propre à exercer le commandement, qui n'est qu'une volonté ferme et résolue ; il ne veut rien fortement, il n'a que des désirs languissants.

» Lorsque les crimes se multiplient, la justice doit

(1) M. de Bonald. *Pensées diverses.*
(2) *Politique sacrée*, liv. IV, p. 525, etc.
(3) Deut., XXXI, 23. Josué, 1, 6, 7, 9.
(4) Prov., XXI, 25.

devenir plus sévère. Les hommes s'accoutument au crime, et l'habitude de le voir le leur rend moins horrible (1). »

» Il y a une fausse indulgence. Telle fut celle de David envers Ammon, son fils aîné, envers Absalon et Adonias. Telle fut celle d'Héli, à l'égard de ses deux fils (2). »

Hélas ! combien, depuis quatre-vingts ans, on pourrait trouver, dans notre histoire à nous, d'exemples de « fausse et pernicieuse indulgence », soit de la part des souverains, soit de la part des jurys ! Combien de troubles, d'émeutes, de révolutions, et, par conséquent, de massacres, de ruines, de désastres politiques et sociaux on aurait évités, si l'on s'était montré plus sévère et moins indulgent qu'on ne l'a été envers certains coupables, envers certains criminels !

Aussi M. de Bonald a-t-il dit avec vérité :

» On ne persuade pas aux hommes d'être justes ; on les y contraint. La justice est un combat ; elle ne s'établit pas sans efforts ; et c'est pour cette raison qu'il a été dit : « Heureux ceux qui souffrent persé- » cution pour la justice (3). »

Depuis quatre-vingts ans, tous nos malheurs sont venus de la faiblesse du Pouvoir qui a perdu ces principes qui sont la base et l'appui des empires, *stabilimentum populi*, comme parle l'Écriture (4).

Que les gouvernants reviennent donc à ces principes

(1) *Politique sacrée*, p. 497.
(2) Ibid., p. 496.
(3) Matth., v, 10.
(4) Eccl., XLIX, 17.

sacrés, à ces principes sauveurs dont l'affaiblissement a causé tous nos maux.

« Vous croyez, dit M. de Bonald, qu'un déficit dans les finances a été la cause de la révolution ; creusez plus bas : et vous trouverez un déficit dans les principes même de l'ordre social. » Et ailleurs le même publiciste a écrit : « La politique ne sait pas assez combien il y a de force dans tout ce qui est religieux, et de faiblesse dans tout ce qui n'est qu'humain.

» Que les rois sont forts, quand ils savent de qui ils sont, par qui ils sont et pourquoi ils sont !

» Les méchants même, lorsqu'ils sont punis, se rendent plus de justice qu'on ne pense ; on ne risque jamais de pousser à bout que les bons (1). »

(1) *Pensées diverses. Passim.*

XI

DE LA MONARCHIE

En ce moment où la France est encore une fois dans les anxiétés douloureuses du provisoire, en ce moment où elle est à son troisième ou quatrième essai de république ; en ce moment où elle se demande quelle forme de gouvernement il lui convient de préférer et d'adopter pour l'avenir, nous devons consacrer ici un chapitre à la Monarchie et un à la République ; nous devons dire quelques mots sur ces deux systèmes de gouvernement qui se disputent ce monde et surtout notre patrie ; nous devons, dans la mesure de nos faibles moyens, éclairer nos compatriotes sur l'importante question du choix d'un gouvernement, et pour le faire avantageusement nous emprunterons à des foyers plus lumineux que le nôtre les rayons que nous ferons briller aux yeux de nos lecteurs.

Écoutons d'abord Bossuet :

« La monarchie est la forme de gouvernement la plus commune, la plus ancienne et aussi la plus naturelle.

« Plusieurs princes ou chefs n'est pas une bonne

chose : qu'il n'y ait qu'un prince et un roi (1). »

« Tout le monde commence par des monarchies, et presque tout le monde s'y est conservé, comme dans l'état le plus naturel. »

Aussi, avons-nous vu qu'il a son fondement et son modèle dans l'empire paternel, c'est-à-dire dans la nature même.

« Les hommes naissent tous sujets ; et l'empire paternel, qui les accoutume à obéir, les accoutume en même temps à n'avoir qu'un chef (1). »

Le gouvernement monarchique est le meilleur :

1° Parce qu'il est le plus conforme à la nature ;

2° Le plus fort ;

3° Le plus durable ;

4° Le plus un.

Le savant évêque prouve toutes ces propositions que nous ne faisons qu'énoncer pour n'être pas trop long.

Puis, arrivé à la monarchie héréditaire, il y reconnaît trois principaux avantages qui sont pour ce gouvernement :

1° D'être le plus naturel, de se perpétuer de lui-même, d'écarter les brigues, les cabales, et d'être le plus éloigné de l'anarchie, et le plus favorable à l'ordre et à la paix ;

2° D'intéresser le prince et sa famille à la conservation de l'État ;

(1) Homère. *Illiade.*

(2) *Politique tirée des propres paroles de l'Écriture sainte*, liv. II, VIIe Proposition.

3° De donner naissance à une Maison, à une famille royale qui souvent par ses alliances procure à l'État de grands avantages (1). »

« Il n'y a, ajoute le grand évêque de Meaux, il n'y a aucune forme de gouvernement ni aucun établissement humain qui n'ait ses inconvénients ; de sorte qu'il faut demeurer dans l'état auquel un long temps a accoutumé le peuple. C'est pourquoi, continue Bossuet, Dieu prend en sa protection tous les gouvernements légitimes, en quelque forme qu'ils soient établis ; qui entreprend de les renverser n'est pas seulement ennemi public, mais encore ennemi de Dieu (2). »

La royauté, c'est toujours Bossuet qui parle, la royauté, a son origine dans la divinité même (3).

Passant ensuite aux devoirs des rois, il dit :

« Les rois doivent respecter leur propre puissance, et ne l'employer qu'au bien public.

« Dieu n'a fait des grands que pour protéger les petits ; il n'a donné sa puissance aux rois que pour procurer le bien public aux hommes. Il n'a pas établi entre eux tant de distinction pour faire d'un côté des orgueilleux et de l'autre des esclaves et des misérables.

» Mais il dit à tout chef de nation : « Vous ont-ils fait prince ou gouverneur, soyez parmi eux comme l'un d'eux ; ayez soin d'eux, et prenez courage, et reposez-vous après avoir pourvu à tout (4). »

Voici, d'après l'Écriture, le portrait d'un bon roi :

(1) Ibid., Xe Proposition.
(2) Ibid., XIIe Proposition.
(3) Liv. II, art. 11, Conclusion.
(4) Eccl., xxxii, 1, 2.

« La justice règnera dans Jérusalem. Un roi sage et pieux y fera fleurir toutes les vertus ; et ses ministres, fidèles à suivre son exemple, n'auront que la prudence et l'équité pour règle de leurs jugements. Ce prince aimable sera pour son peuple ce qu'est pour un voyageur l'asile qui le met à couvert de l'orage, le ruisseau qui étanche sa soif, le rocher qui lui offre une ombre salutaire. Sous son règne heureux, on ne fermera plus les yeux à la lumière... Les esprits les moins intelligents seront éclairés, et la langue de ceux qui ne faisaient que bégayer sera diserte. Alors on ne verra point un impie élevé aux honneurs, ni un avare revêtu de l'autorité ; car l'impie ne peut s'empêcher d'exhaler son impiété dans ses discours ; il suit en tout les désirs déréglés de son cœur : l'imposture et les faux serments ne lui coûtent rien pour dépouiller ceux dont les biens tentent sa cupidité et les réduire à la plus affreuse indigence. L'avare, de son côté, emploie sans scrupule les moyens les plus iniques pour réussir dans ses odieux projets. Il invente des ruses, il forge des calomnies pour faire succomber le pauvre, malgré la justice de sa cause. Mais le roi que je vous annonce aura des sentiments dignes d'un roi, et toutes ses actions y répondront constamment (1). »

Sans doute tous les rois ne sont pas taillés sur ce patron ; tous ne sont pas à cette image ; sans doute que bien des rois ont usé ou plutôt abusé de leur pouvoir *pour le mal*, pour assouvir leurs passions, satisfaire leurs convoitises, opprimer leurs sujets, écraser

(1) Is., XXXII.

leurs peuples d'impôts, favoriser et patroner l'erreur, enchaîner la vérité. Sans doute il y a eu parmi les rois plus d'un despote, plus d'un tyran, digne de l'anathème et de l'exécration des siècles.

Mais qui nous donnera des anges en place d'hommes? Quel gouvernement sera pur et exempt des misères de l'humanité?

Si la royauté a eu ses Tibère, ses Néron, ses Attila, ses Gengis-Kan, ses Charles IX, ses Louis XI, la république n'a-t-elle pas eu ses Catilina, ses Sylla, ses Marius, ses Robespierre, ses Marat, ses Léo Maillet, ses Jourde, ses Cluseret, ses Dombrowski, ses Flotte, ses Rudes, ses Ferré, ses Rossel, ses Crémieux, et des milliers d'autres aussi et peut-être encore plus pervers que ceux-là?

Que les républicains cessent donc de reprocher à l'autorité monarchique les crimes des rois indignes qui ont souillé le trône, le sceptre et la couronne.

Ah! les révolutionnaires et les ennemis de Dieu ont fait d'infâmes et calomnieux libelles intitulés *Les Crimes des Rois*, *les Crimes des Prêtres* et même *les Crimes des Papes*. Mais si l'on voulait recueillir tous les forfaits, toutes les atrocités, les vols, les pillages, les incendies, les brigandages et les assassinats en mille manières de la Commune de Paris, des Comités de *Salut public* et de l'*Internationale* et autres sociétés révolutionnaires; quelle hideuse, quelle affreuse collection de monstres on pourrait faire! Qu'on mène tous les démagogues de nos jours sur les ruines des *Tuileries*, et qu'on leur rappelle l'assassinat des otages, la violation des tombeaux, le pillage des églises et des maisons particulières et qu'on leur dise : « Voilà vos » œuvres !... Osez donc maintenant parler des crimes » des rois et des tyrans, vous qui êtes les plus hideux » tyrans que le monde ait jamais vus ! »

Mais que les rois ne s'autorisent pas de ces forfaits pour en commettre de pareils. Qu'ils ne perdent jamais de vue (et ils le font trop souvent), qu'ils ne perdent jamais de vue qu'ils doivent être, sur la terre, les représentants de Dieu et ses *ministres pour le bien*.

Et nous, Français, soyons donc enfin moins inconstants, moins légers. Ne renversons plus le soir ce que nous avons édifié le matin. Ne rendons plus le gouvernement impossible en entravant sa marche et son fonctionnement. Défions-nous du parti qui, sous le nom d'*Opposition*, ne cherche qu'à gêner l'action du pouvoir pour ensuite le renverser et se substituer à lui, se mettre à son lieu et place.

« Dans le prince est la puissance, dit Bossuet ; en lui est la volonté de tout le peuple ; à lui seul il appartient de faire tout conspirer au bien public. Il faut faire concourir ensemble le service qu'on doit au prince et celui qu'on doit à l'État, comme choses inséparables. Car en lui réside la raison qui conduit l'État.

» Ceux qui pensent servir l'État autrement qu'en servant le prince et en lui obéissant, s'attribuent une partie de l'autorité royale ; ils troublent la paix publique et le concours de tous les membres avec le chef.

» Que les peuples détestent donc les Rabsacé et tous

ceux qui font semblant de les aimer, lorsqu'ils attaquent leur roi. On n'attaque jamais tant le corps, que quand on l'attaque dans la tète ; quoi qu'on paraisse, pour un temps, flatter les autres parties (1). »

(1) *Politique*, etc., liv VI, art. 1, IIIe Proposition.

XII

DE LA RÉPUBLIQUE

Nous allons traiter ici un sujet bien scabreux, bien délicat.

Nous savons avec quelle passion, réelle ou feinte, avec quelle ardeur frénétique plusieurs aiment, ou feignent d'aimer la République. Nous savons de combien de gens elle est, ou semble être, l'idole.

Nous savons, par conséquent, combien de ses adorateurs nous froisserons, nous irriterons, non-seulement, en n'offrant pas d'encens à cette idole, mais en lui déniant la puissance et les avantages que ses clients s'obstinent à lui attribuer.

Cependant nous avons droit de parler contre cette forme de gouvernement aussi bien que d'autres ont le droit de se faire ses champions et ses apologistes, et de chanter ses louanges.

Et nous allons user de notre droit.

Si, comme nous n'avons fait que l'indiquer dans notre précédent chapitre, d'après le grand Bossuet, et comme cet illustre évêque le prouve plus au long dans sa *Politique*, la monarchie est la forme de gouverment la plus commune, la plus ancienne et la plus naturelle (1), évidemment ces titres n'appartiennent pas au gouvernement républicain.

Montesquieu, dont l'autorité n'est certes pas suspecte, a écrit : *La République est une dépouille ; et sa force n'est plus que le pouvoir de quelques citoyens, et la licence de tous* (2).

Telle est la définition que le célèbre publiciste donne d'une République.

Aussi, nous étonnons-nous qu'après avoir dit que cette forme de gouvernement est *la licence de tous*, il dise : *Les mœurs ne sont jamais si pures dans les monarchies*, que dans les gouvernements républicains (3). »

Quand il écrit ces lignes, l'auteur oublie qu'il a dit ailleurs : « Je crois que la secte d'Épicure, qui s'introduisit à Rome sur la fin de la République, contribua beaucoup à gâter le cœur et l'esprit des Romains. Les Grecs en avaient été infatués avant eux ; aussi avaient-ils été plus tôt *corrompus* (4).

Sans doute, un trop grand nombre de nos rois ont donné à leur peuple, sous le rapport des mœurs, de déplorables exemples.

Mais quand la corruption descend du trône, elle, peut être promptement arrêtée et guérie, soit par la mort du prince scandaleux, soit par un changement

(1) Liv. II, art. 1, VIIe Proposition.
(2) *Esprit des Lois*, liv. III, c. III.
(3) Liv. IV, c. II, p. 48.
(4) *Essais sur la Grandeur et la Décadence des Romains*, p. 101.

radical dans sa conduite, tandis que dans une République, quand le peuple est corrompu, il l'est pour longtemps, et on ne voit pas quand et comment finirait la corruption (1). »

« Il est clair, dit encore Montesquieu, que le monarque qui, par mauvais conseil ou par négligence, cesse de faire exécuter les lois, peut aisément réparer le mal... mais lorsque, dans un gouvernement populaire, les lois ont cessé d'être exécutées, comme cela ne peut venir que de la corruption de la République, l'État est déjà perdu (2). »

La République est peut-être, pour le quart-d'heure, *la forme de gouvernement qui nous divise le moins* (3). Elle est peut-être une nécessité dans les circonstances présentes.

Mais d'abord, quoi qu'en disent ses zélés partisans, elle n'a pas les sympathies de la majorité de la nation ; et la preuve en est dans les efforts inouïs et même violents, souvent atroces, que font les républicains pour gagner à leur cause et attirer dans leur parti ceux qui ne pensent pas comme eux.

Tous les moyens leur sont bons : la guillotine, le pétrole, les barricades, les chassepots, les revolvers, le pillage, l'emprisonnement, les pontons, les noyades, les massacres en masse, tout leur va pour imposer à la France leur divinité favorite. On l'a vu en 93, en 48, et on vient de le voir de manière à ne l'oublier de longtemps, en 1871.

(1) *Esprit des Lois.*
(2) Liv. III, c. III, p. 31.
(3) Parole de M. Thiers, chef du Pouvoir exécutif.

En vain la France repousse cette forme de gouvernement, ils la lui imposeront *quand même* ; et si le suffrage universel n'en veut pas, on mettra de côté ce suffrage universel ! Voilà comment *ces messieurs* sont conséquents avec eux-mêmes et avec leurs principes ! Voilà comment leurs actes sont d'accord avec leurs paroles et avec leurs théories !

Antipathique à la nation, la République n'est pas favorable aux mœurs.

Aussi voyez si les idées républicaines ne sont pas généralement accompagnées de relâchement dans les mœurs ! Voyez si la plupart des ultra-répulicains ne font pas parade de grossièreté dans le langage, dans les manières et dans leurs rapports sociaux ! Voyez si l'établissement de la République n'est pas le signal d'un affaiblissement de la morale dans l'enfance, dans la jeunesse et dans ce qu'on appelle plus particulièrement le peuple. Voyez si plusieurs ne croient pas que la République leur confère le droit d'être insolents, sans respect pour l'autorité, sans probité dans le commerce, sans politesse, sans savoir-vivre dans les relations habituelles de la vie.

« On était, dit Montesquieu, on était libre avec les lois ; on veut être libre contre elles ; chaque citoyen est comme un esclave échappé de la maison de son maître. Ce qui était *maxime*, on l'appelle *rigueur* : ce qui était *règle*, on l'appelle *gêne*, et voilà comment *la force de la République n'est bientôt plus que le pouvoir de quelques citoyens et la licence de tous* (1).

(1) Loc. cit.

Le même écrivain dit encore dans un autre de ses ouvrages : « La tyrannie d'un prince ne met pas un État plus près de sa ruine, que l'indifférence pour le bien commun n'y met une République. L'avantage d'un État libre est que les revenus y sont mieux administrés; mais lorsqu'ils le sont plus mal ! L'avantage d'un État libre est qu'il n'y a point de favoris ; mais qnand cela n'est pas, et qu'au lieu des amis et des parents du prince, il faut faire la fortune des amis et parents de tous ceux qui ont part au gouvernement, tout est perdu.

« Les lois sont éludées plus dangereusement qu'elles ne sont violées par un prince qui, étant toujours le plus grand citoyen de l'État, a le plus d'intérêt à sa conservation (1). »

Moins favorable aux mœurs que la monarchie, la la République l'est surtout moins à la religion. Un fait incontestable, c'est que, à très-peu d'exceptions près, tous les républicains sont impies et tous les impies, républicains.

Aussi, dit M. de Bonald, « le projet de républicaniser l'Europe est le projet d'y introduire l'athéisme ou le projet d'y introduire l'athéisme, celui de la républicaniser (2). »

Et ailleurs, le même écrivain constate qu'une des choses qui constituent essentiellement la démocratie, chez les modernes, est l'abolition de toute religion publique (3).

(1) *Considérations sur la Grandeur et la Décadence des Romains*, c. IV, p. 27.
(2) *Théorie du Pouvoir*, p. 342.
(3) Ibid., liv. Ier, c. XI. p. 215.

Ce fait ne saurait être nié. En renversant le trône, les républicains de 93 ont profané, fermé ou démoli les églises, emprisonné, déporté ou guillotiné les prêtres, supprimé toutes les fêtes religieuses, interdit tout culte public.

La République de 48 n'a pas eu, elle, ce caractère d'impiété. Loin de là, elle a fait intervenir la religion dans plusieurs de ses actes ; mais nous savons comment les républicains *à outrance* de la Commune de Paris et de l'*Internationale* entendraient et pratiqueraient la République de 1870, si on les eût laissé faire, s'ils avaient triomphé. Leurs discours, leurs programmes et leurs actes ne laissent aucun doute à cet égard.

Cependant on ne voit par pourquoi l'impiété est la compagne à peu près inséparable du républicanisme.

Nous avons vu que, d'après la doctrine de Bossuet, *Dieu prend en sa protection tous les gouvernements légitimes*, les républiques donc, aussi bien que les monarchies. Le peuple hébreu lui-même fut longtemps en république avant d'avoir un roi, comme les autres nations ; et rien, dans l'Écriture, ne condamne cette forme de gouvernement. D'autre part, les villes de l'ancienne Grèce et Rome furent longtemps en république. Étaient-elles pour cela impies? et n'adoraient-elles pas des dieux ? n'avaient-elles pas des prêtres, des temples, des sacrifices, des jours de fêtes religieuses? N'adressaient-elles pas à leurs dieux des prières publiques? Et n'avons-nous pas entendu Montesquieu dire que Rome était un vaisseau qui, dans la tempête, était maintenu par deux ancres puissantes, la religion et les mœurs ?

Pourquoi donc faut-il que, chez-nous, le mot seul de République fassse bouillonner les plus mauvaises passions? Pourquoi faut-il que l'idée de République et surtout l'établissement de la République amène un refroidissement dans la piété, un affaiblisssement, un relâchement dans les pratiques extérieures du culte et une recrudescence de haine, de mépris et d'insultes à l'égard du clergé ?

Voit-on, chez les autres peuples, les changements de gouvernements ébranler, renverser les autels ? Voit-on, les autres peuples, outrager Dieu, parce qu'ils rejettent une constitution pour en adopter une autre (1) ?

Enfin un autre malheur de la République, c'est d'avoir pour partisans les hommes les moins estimés de chaque localité.

Sans doute, elle compte dans la foule de ses adhérents un très-grand nombre d'hommes justement considérés.

Mais un fait fâcheux pour elle, c'est que, tout ce qui

(1) Et, d'ailleurs, loin que la Religion soit inconciliable avec la République, cette forme de gouvernement a encore plus besoin que la Monarchie de l'appui et du concours de la Religion. Car, dit M. de Tocqueville, dans sa *Démocratie en Amérique* : « C'est le despotisme qui peut se passer de foi, mais non la liberté. La religion est beaucoup plus nécessaire dans la République que dans la Monarchie, et dans les Républiques démocratiques que dans toutes les autres. Comment la société pourrait-elle manquer de périr, si, tandis que le lien politique se relâche, le lien moral ne se resserrait pas! et que faire d'un peuple, maître de lui-même, s'il n'est pas soumis à Dieu? »

est taré, sali, dans la société, tous les hommes sans religion, sans honneur, sans loyauté, sans probité, sans conduite, sans mœurs ; les hommes déréglés, vicieux, dévoyés, criblés de dettes ; les gourmands, les paresseux ; en un mot tout ce qui compose la lie de la société, se dit républicain, patronne la République, l'acclame et fait tous les efforts possibles pour l'établir où elle n'est pas, pour la soutenir où elle est, et pour l'implanter partout *per fas et nefas* (1).

C'est un malheur, nous le répétons, et pour ce gouvernement et pour les hommes honnêtes dont il a les sympathies. Mais ce malheur, il l'a et il l'aura tant qu'il y aura des républiques.

(1) Ce n'est pas le peuple honnête, laborieux et tempéré des campagnes et des petites villes qui réclame la souveraineté, c'est le peuple oisif et débauché des grandes villes et surtout de Paris, Lyon, Marseille et autres grands centres qui veut faire le peuple occupé ou laborieux des campagnes et des petites villes souverain malgré lui, pour gouverner sous son nom et vivre à ses dépens. (M. de Bonald, *Pensées diverses*, p. 359.)

XIII

DE LA CONSTITUTION

On appelle *constitution* d'un État l'ensemble des lois fondamentales qui le régissent.

La constitution politique d'un État est à cet État, à cette société ce que le tempérament, nommé aussi *constitution*, est à l'individu, sous le rapport physique.

Un État est donc plus ou moins tranquille, prospère, florissant selon que sa constitution est plus ou moins bonne, plus ou moins sage, comme un individu jouit d'une santé plus ou moins robuste, selon que sa constitution organique est plus ou moins parfaite.

De là la nécessité, aussi bien pour un État que pour un individu, d'avoir une bonne constitution.

Or, pour qu'une constitution soit bonne, il faut qu'elle soit fondée, basée sur les éternels principes de la justice, de l'ordre et de la vérité et en rapport avec le caractère, le tempérament, le genre de vie et même le climat des peuples.

Et maintenant, notre constitution actuelle est-elle dans ces conditions ?

Nous avons déjà rapporté la parole de Gibbon qui dit que notre ancienne constitution monarchique avait été faite, élaborée par les évêques *comme une ruche d'abeilles*.

Nous sommes convenu ailleurs que cette constitution avait ses imperfections ; mais elle avait aussi de précieuses qualités et de grands avantages.

Il eût été sage de faire disparaître les imperfections, de corriger les défauts et de conserver ce qui était bon; mais on a, en 89, et surtout en 93, tout renversé, tout détruit.

Et par quoi a-t-on remplacé l'édifice démoli? Qu'a-t-on substitué à l'ancienne constitution? Quelle somme de bonheur a apportée à la France ce qu'on nomme emphatiquement les *Immortels principes de* 1789? Ces *Immortels principes* ont-ils été la branche d'olivier après le déluge? Nous ont-ils apporté ce bonheur et cette paix qui ne sont, comme le dit saint Augustin, que *la tranquillité de l'ordre?* Ont-ils assis notre gouvernement sur des bases inébranlables?

Jugeons-en par les vissicitudes, les révolutions, les catastrophes et les changements de constitutions qui ont eu lieu depuis la proclamation de ces fameux principes.

Ainsi :

Constitution de 1789 ;

Constitution de 1791 ;

Constitution de 1793 ;

Constitution des 19 vendémiaire et 14 frimaire an II ;

Constitution du 5 fructidor an III ;

Constitution du 22 frimaire an VII ;

Empire, Sénatus-Consulte organique des 14 et 16 thermidor an X ;

Sénatus-Consulte organique du 28 floréal an XII ;

Restauration ;

Constitution du Sénat des 6 et 9 avril 1814 (monarchie constitutionnelle) ;

Gouvernement provisoire ;

Déclaration de Saint-Ouen, du 2 mai 1814 ;

Charte du 4 juin 1814 (monarchie constitutionnelle) ;

Cent-Jours (Empire) ;

Acte additionnel aux Constitutions de l'Empire, 22-23 avril 1815 ;

Projet de Constitution de la chambre des Représentants, du 29 juin 1815 ;

Seconde Restauration ;

Proclamation des 25 et 28 juin 1815 ;

Ordonnance du 7 juillet suivant ;

Révolution de juillet 1830 ; Charte constitutionnelle (amendée) des 7 et 14 août ;

Révolution de février 1848 ;

République ; Constitution de novembre 1848 ;

Deuxième Empire, 2 décembre 1851 ;

Décret et Constitution du 14 janvier 1853 ;

Décret que Napoléon III appelait le *couronnement de l'édifice ;*

Déchéance de l'Empire, le 4 septembre 1870 ;

Proclamation de la République ;

Établissement du Gouvernement provisoire dit de la *Défense nationale ;*

Le 18 février 1871 une Assemblée nationale, réunie, d'abord à Bordeaux, puis à Versailles, accepte la République et déclare qu'elle adopte, sauf modifications ultérieures, pour constitution et loi de l'État, la constitution républicaine de 1848.

Voilà où nous en sommes en 1871 ; voilà par quelles phases, par quelles vissicitudes, par quelles révolutions diverses nous ont fait passer, depuis quatre-vingts ans, ces principes regardés par quelques-uns comme la panacée universelle de toutes les maladies sociales, comme l'égide, comme le rempart de la liberté, de l'égalité, de la fraternité ; en un mot comme un élément certain et infaillible de paix et de prospérité.

Or, nous le demandons à tous ceux qui nous liront, nous le demandons le lendemain des désastres de Paris, nous demandons si nous l'avons, cette paix et cette prospérité que les principes de Voltaire et de Rousseau devaient nous procurer. Nous demandons ce que la politique sans Dieu nous a apporté et valu depuis un siècle et demi et ce qu'elle nous vaudra, si elle continue à conduire nos affaires et à régir nos destinées.

Non ! non ! nous n'hésiterons pas à le dire, la parole divine : « Point de paix pour les impies (1) », est applicable aussi bien aux nations qu'aux individus ; et c'est aussi bien des peuples que des particuliers qu'il a été écrit : « Seigneur, ceux qui s'éloignent de vous périront (2). »

Or, nous l'avons déjà dit, et nous le répétons :

(1) *Non est pax impiis.* (Is., XLVIII, 28.)
(2) *Domine, qui elongant se a te peribunt.* (Ps. LXXII, 27.)

« Notre constitution est à peu près athée : du moins elle n'est ni chrétienne ni catholique. Le nom de Dieu n'y est pas même prononcé. »

Cependant, comme nous l'a déjà dit Bossuet : « La bonne constitutution du corps de l'État consiste en deux choses : dans la religion et dans la justice, ce sont les principes intérieurs et constitutifs des États. Par l'une on rend à Dieu ce qui lui est dû, et par l'autre on rend aux hommes ce qui leur convient (1). »

Que nos hommes d'État, nos ministres et nos représentants nous donnent donc enfin une constitution qui s'appuie sur ces deux bases. Qu'ils relèvent les ruines de notre édifice social et qu'ils les relèvent d'après les principes religieux et chrétiens, *instaurare omnia in Christo* (1). Sous le rapport politique, aussi bien que sous le rapport spirituel, il n'y a de salut qu'en Jésus-Christ, *non est in alio aliquo salus* (3). Car ce n'est pas seulement pour les choses de l'ordre surnaturel, c'est aussi pour le gouvernement temporel des sociétés que personne ne peut poser d'autre fondement que celui qui a été posé et qui est Jésus-Christ (3). Depuis quatre-vingts ans, nos constituants se sont passés de LUI. Mais qu'ont-ils fait ? Quel a été le sort de leur œuvre ? On vient de le voir ; et l'histoire est là pour le dire. Quel sort aura l'œuvre de nos constituants présents ou futurs ? Le même sort, si nos constituants suivent les errements de leurs prédécesseurs : Le feu des révolutions dévorera ces construc-

(1) *Politique*, etc., liv. VII, art. 1er.
(2) Ephes., I, 10.
(3) Act., IV, 12.

tions en bois, en paille ; et ce sera toujours à recommencer (1).

Hommes d'État, gouvernants, pénétrez-vous donc des sentiments chrétiens, des doctrines évangéliques. Songez qu'il y a plus de vraie science politique dans un seul chapitre de l'Évangile que dans les dix-neuf livres de l'*Esprit des Lois* et dans les *Considérations sur la grandeur et la décadence des Romains.*

Nous venons de lire le premier de ces deux ouvrages et de relire le second ; que la politique nous en a paru faible, comparée à la politique éminemment chrétienne de Bossuet !

Législateurs, lisez ce sublime « Traité de la vraie Politique. » Nulle part vous ne verrez mieux que là « ce qui soutient et ce qui renverse les Royaumes ; ce que peut la religion pour les établir, et l'impiété pour les détruire (2). » Étudiez ce livre d'un de nos plus grands génies ; et cette lecture vous convaincra de la vérité de ce que dit l'illustre auteur que « ceux qui croient que la piété est un affaiblissement de la politique seront confondus, » et que « celle que vous verrez est vraiment divine (3) »

Inspirez-vous aussi des théories sociales d'un homme

(1) *Fundamentum enim aliud nemo potest ponere præter id, quod positum est, quod est Christus Jesus. Si quis autem superædificat super fundamentum hoc, aurum, argentum, lapides pretiosos, ligna, fenum, stipulam, unuiscujusque opus manifestum erit, dies enim Domini declarabit, quia in igne revelabitur; et uniuscujusque opus quale sit, ignis probabit.* (I Cor,, III, 11, 12, 13.

(2) *Politique*, etc., Épitre dédicatoire.

(3) *Ibid.*

que nous appellerions volontiers le « Pascal de la politique. » Lisez et relisez ses « Œuvres » desquelles on peut bien dire ce qu'il a dit lui-même à propos de l'endroit de l'Évangile où Notre-Seigneur parle du royaume divisé contre lui-même, et dont la ruine est infaillible ; « qu'il y a là plus de vraie politique qu'il y en a dans tout l'*Esprit des Lois* doublé de celui du *Contrat social* et de « tous les livres de la même école, » et dotez enfin la France d'une constitution qui lui procure la paix au dedans et au dehors, qui guérisse ses plaies, qui répare ses malheurs et qui fasse fleurir, dans son sein, toutes les vertus religieuses et morales qui peuvent seules la rendre forte et assurer son bonheur.

XIV

DES RÉVOLUTIONS ET DES RÉVOLUTIONNAIRES

Les noms donnés aux choses ont souvent un sens profond.

Tel est le mot de *Révolution* qui vient du verbe latin *revolvere*, lequel signifie *rouler*.

Une révolution dans l'ordre politique est donc un choc, un mouvement violent imprimé à une société pour la précipiter du haut en bas et la faire *rouler* d'abîmes en abîmes; comme un accident de ce genre arrivé à un homme qui tomberait d'étages en étages du sommet d'un édifice serait un malheur affreux pour cet individu, ainsi une révolution politique est toujours un malheur pour un peuple; car les peuples gagnent aux révolutions à peu près comme le couvreur à tomber du toit d'une maison, et le voyageur à rouler dans un précipice.

Et comme l'homme qui en précipiterait un autre du haut d'une maison en bas, serait un scélérat, ainsi peut-on qualifier quiconque précipite une nation dans une révolution où elle peut trouver sa perte.

Un révolutionnaire est donc un ennemi de la société, un parricide.

Le premier révolutionnaire a été Satan ; et la première révolution est celle qui a précipité du ciel Lucifer et ses anges.

Satan a dit : *Non serviam*, je n'obéirai pas. C'est le mot, c'est l'origine de toutes les révolutions religieuses, politiques, et toute révolution politique et sociale est un acte d'impiété ; car c'est une insurrection contre « le pouvoir qui vient de Dieu, » qui a sa source en Dieu (1).

Aussi, tous les révolutionnaires sont impies, et à peu près tous les impies sont révolutionnaires, à moins qu'ils n'aient un intérêt matériel à ne l'être pas.

Insurgés d'abord contre Dieu et sa loi, ils s'insurgent ensuite contre le roi ou chef de l'État et les lois constitutives de la nation.

Toutes les révoltes sont sœurs ; toutes se donnent la main ; toutes partent du même principe et tendent au même but : Le renversement du pouvoir légitime.

Être révolutionnaire, c'est refuser d'obéir soit à Dieu et à ses lois, soit au roi et aux lois nationales ; c'est être impie d'une part et mauvais citoyen de l'autre ; c'est se déclarer ennemi de Dieu et de César.

Sans doute Dieu ni l'Église n'ont jamais approuvé la tyrannie, le despotisme, l'arbitraire ni l'abus du pouvoir. Il est, au contraire, dit journellement dans les livres sacrés que « les grands qui abusent de leur

(1) *Non est potestas nisi a Deo.* (Rom., XIII, 2.)

pouvoir, de leur puissance, seront sévèrement punis (1). Mais cet abus dans les dépositaires du pouvoir ne donne pas le droit aux inférieurs de briser ce pouvoir ou de l'arracher des mains de ceux qui le possèdent

« L'État, dit Bossuet, est en péril, et le repos public n'a plus rien de ferme, s'il est permis de s'élever, pour quelque cause que ce soit, contre les princes..... Le haut ministère qu'ils exercent au nom de Dieu, les met à couvert de toute insulte.

Robcam traita durement le peuple ; mais la révolte de Jéroboam et des dix tribus qui le suivirent, quoique permise de Dieu, en punition des péchés de Salomon, ne laisse pas d'être détestée dans toute l'Écriture, qui déclare qu'en se révoltant contre la maison de David, ils se révoltaient contre Dieu qui régnait par elle.

« Tous les prophètes qui ont vécu sous les méchants rois, Élie et Élisée sous Achab et sous Jésabel, en Israël : Isaïe sous Achas et sous Manassès : Jérémie sous Joachim, sous Jéchonias, sous Sèdécias, en un mot tous les prophètes, sous tant de rois impies et méchants, n'ont jamais manqué à l'obéissance ni inspiré la révolte, mais toujours la soumission et le respect.

. . . .

cette doctrine s'est continuée dans la religion chrétienne. »

Le pieux et savant pontife le prouve par l'Évangile, par les *Actes* et les *Épîtres* des Apôtres, et il ajoute : « En conséquence de cette doctrine apostolique, les premiers chrétiens, quoique persécutés durant trois

(1) *Potentes potenter tormenta patientur*. (Sap., VI, 7.)

cents ans, n'ont jamais causé le moindre mouvement dans l'Empire. Nous avons appris leurs sentiments par Tertullien, et nous les voyons dans toute la suite de l'histoire Ecclésiastique. »

Puis, le grand évêque de Meaux parcourt les Annales de l'Église pendant sept siècles, et n'y voit pas seulement un seul exemple où l'on ait désobéi aux empereurs sous prétexte de religion.

Enfin il conclut en disant :

« Qu'il soit donc permis au peuple oppressé de recourir au prince par ses magistrats, et par les voies légitimes ; mais que ce soit toujours avec respect. Les remontrances pleines d'aigreur et de murmures sont un commencement de sédition qui ne doit pas être souffert (1). »

Qu'on juge, d'après ces principes, ces écrivains et ces journaux qui, sous prétexte d'user du droit *sacré*, du droit *inaliénable* de la liberté de la parole et de la presse, se font une habitude et un métier d'attaquer le pouvoir, lui font une guerre *à outrance*, soulèvent contre lui les masses, le rendent ridicule et odieux, et font sans cesse contre lui trafic de calomnies, d'invectives, de mensonges et d'opposition *quand même.*

« Si le prince, dit Bossuet, n'est ponctuellement obéi, l'ordre public est renversé et il n'y a plus d'unité : par conséquent plus de concours ni de paix dans un État (2). »

« Les révolutionnaires, dit un autre publiciste, ne

(1) *Politique*, etc., liv. VI, art. 11, IVe, V[e], VIe Propositions. *Ibid.*, Ire Proposition.

(2) *Ibid.*, p. 401.

sont que des démolisseurs et non des architectes; et les francs-maçons devraient bien plutôt prendre pour symbole la pioche et le levier que la truelle et l'équerre. Tous sont propres à détruire, peu à édifier. Si l'on donnait à une troupe de marmots le château des Tuileries à démolir (1), les plus petits casseraient les vitres, les autres briseraient les portes ou mettraient le feu aux charpentes; et l'édifice, malgré sa solidité, serait bientôt en ruines; mais si on leur donnait une chaumière à construire, ils ne sauraient comment s'y prendre, parce qu'il faut, pour bâtir, un plan, un ordre de pensées et de travaux, et qu'il ne faut rien de tout cela pour détruire. C'est là l'histoire des révolutions, et la raison du grand nombre des talents révolutionnaires que l'on a trouvés jusque dans les derniers rangs et que les sots admirent (2). »

« Ainsi, dit le même auteur, la révolution française ou plutôt européenne (3) a été un appel fait à toutes les passions par toutes les erreurs; elle est, pour me servir de l'énergie d'une expression géométrique, le mal élevé « à sa plus haute puissance (4). »

D'après cette opinion et ce langage du grand philosophe, nous nous étonnons qu'il voie dans les révolu-

(1) On ne l'a pas *donné à démolir à une trompe de marmots*; mais il a été démoli et réduit en cendres en 1871 par les élèves et les disciples des philosophes sans Dieu; par les affiliés des sociétés secrètes, par les *pétroleux* et les *pétroleuses*.

(2) De Bonald, *Pensées diverses*, p. 307.

(3) Disons aujourd'hui les révolutions françaises ou plutôt européennes ont eté.....

(4) Page 313.

tions des orages nécessaires et quelquefois utiles et bienfaisants (1).

On dit, il est vrai, que les orages *remettent* quelquefois *le temps* et ramènent la chaleur dans la température ; mais plus souvent aussi les orages ne font que du mal et pas de bien. On dit de même qu'il y a des maladies salutaires qui, en changeant le cours des humeurs, affermissent une santé ébranlée. Nous ne savons pas jusqu'à quel point cette assertion est fondée en médecine. Mais à nos yeux, toute révolution est une maladie qui affaiblit au moins les forces du malade, suspend le cours de ses opérations, lui amène des souffrances et après laquelle il faut payer le médecin et le pharmacien, sans compter que la maladie cause souvent la mort.

Tel est l'effet des maladies physiques dans le corps humain ; tel est aussi celui des maladies politiques dans le corps social.

Et cependant nous tenons toujours à cette funeste et désastreuse révolution de 1789, mère de toutes celles qui sont venues depuis en France et en Europe. Elle est toujours dans nos idées, dans nos lois, dans nos arts, dans nos lettres, dans notre éducation, dans notre politique, dans nos institutions, etc.

« On ne voudrait plus des crimes de la révolution, dit encore M. de Bonald, mais on en retient les principes. Elle est comme une maîtresse longtemps adorée qu'on a cessé de fréquenter, mais qu'on ne peut se résoudre à ne plus voir (2). »

(1) *Essai analytique* et *Discours préliminaire*, p. 6 et 7

(2) *Pensées diverses*, p. 514.

Hélas ! « On en a encore voulu des crimes de la révolution » en 1848 et surtout en 1871 ; ou, si l'on n'en a pas voulu, il a fallu néanmoins les subir. Ils ont été même dépassés en bien des choses et sous bien des rapports !

Ah ! c'est que quand on tient à l'arbre, il faut, bon gré mal gré, en recueillir les fruits ; quand on tient à la cause, il faut, quoi qu'on en dise, se résigner à l'effet.

Or, l'arbre des révolutions, nous le connaissons à ses fruits. Quatre-vingts ans d'expérience nous ont appris combien ces fruits sont amers, vénéneux et mortels pour les sociétés.

Arrachons donc cet arbre maudit, source de tant de maux, et revenons « à l'arbre de vie qui est dans le paradis de Dieu (1) », c'est-à-dire dans l'Église catholique, apostolique et romaine ; revenons à celui qui a les paroles de la vie (2) aussi bien pour les sociétés que pour les individus.

(1) Apoc. II, 7.
(2) Joan., VI, 69.

XV

DES LOIS — LEUR ORIGINE, LEUR NATURE

« Les lois (du mot latin *ligare*, lier, attacher, unir) sont, dit Montesquieu, les rapports nécessaires (1) qui dérivent de la nature des choses ; et, dans ce sens, tous les êtres ont leurs lois : la divinité a ses lois ; le monde matériel a ses lois ; les intelligences supérieures à l'homme ont leurs lois ; l'homme a ses lois (2). » Dieu est le grand et suprême législateur de l'univers.

Nous avons rapporté plus haut ce que dit le même publiciste énonçant cette vérité.

« Toute véritable législation, dit un autre grand écrivain, émane de Dieu, principe éternel de l'ordre et pouvoir général de la société des êtres intelligents. » « Sortez de là, continue-t-il, je ne vois plus que des volontés arbitraires et l'empire dégradant de la force ; je ne vois que des hommes qui maîtrisent insolemment

(1) M. de Bonald dit *naturels* : c'est la même chose.
(2) *Esprit des Lois*, liv. I, chap. I.

d'autres hommes ; je ne vois que des esclaves et des tyrans (1). »

Plus loin, le même auteur dit encore : « En constituant la société par la raison seule sans l'intervention de Dieu, on est conduit à ne reconnaître d'autre autorité, d'autre droit, d'autre loi que la force dirigée par l'intérêt particulier ou par les passions (2). »

« Avec la morale indépendante, dit de son côté Mgr Dupanloup, avec la morale sans Dieu, les lois sociales manquent de fondement et d'autorité. Tout ce que cette morale objecte contre la loi, émanée de Dieu, retombe, à plus forte raison, qui ne le sent? contre toute loi émanée des hommes. L'homme seul évidemment ne peut obliger l'homme. L'Assemblée républicaine de 1848, comme l'Assemblée constituante de 1789, l'avaient compris, quand elles proclamaient « en présence et sous les auspices de Dieu, de l'Être suprême » l'une la constitution de 1848 ; l'autre les droits de l'homme et du citoyen : reconnaissant implicitement que la loi humaine dérive de la loi divine et reçoit d'elle sa sanction.

» Si votre loi, poursuit l'évêque d'Orléans, si votre loi ne vient pas de plus haut que vous, on s'y soumettra, si on y est forcé : on la violera quand on pourra. Je défie, si on supprime l'idée de Dieu, si les lois humaines ne puisent pas leur autorité à cette source, si on ne dit pas avec un poète antique : « dans ces lois immortelles est un Dieu qui ne vieillit pas. » Je défie

(1) Lamennais, *Essai sur l'indifférence*, tom. Ier, p. 366.
(2) *Ibid.*, p. 373.

de constituer les lois humaines sur une autre base que la force. »

Divino intonante præcepto obediendum est, non disputandum.

« Retirez-vous, disait jadis le divin Platon, aux corrupteurs de la morale à Athènes, retirez-vous, et ne venez pas nous dépraver...

» Nous faisons une grande œuvre... Nous cherchons, nous tous qui voulons être vertueux, à représenter, à refléter en nous-mêmes et dans le drame de la vie humaine, « la loi divine » et la vertu.

» Ne comptez donc pas que nous vous laissions entrer chez nous sans résistance, dresser votre tribune sur la place publique, adresser la parole à nos femmes, à nos enfants, à tout le peuple, et leur débiter des maximes dissolvantes de toute vertu (1). »

La perfection est la fin des êtres et le but et l'objet de la loi.

Toute loi, pour être bonne, pour exprimer les rapports *nécessaires*, comme dit Montesquieu; *naturels*, comme dit M. de Bonald, des êtres entre eux, doit conduire les hommes à la perfection. Elle est imparfaite, si elle ne le fait pas, fausse, si elle les détourne de la voie de cette perfection.

Or, la perfection est en Dieu l'état conforme à sa propre nature, puisque Dieu est la perfection même; et, dans l'homme intelligent, c'est une divine ressemblance avec Dieu même, puisque l'homme a été créé à l'image et à la ressemblance de Dieu, et qu'il est

(1) *L'Athéisme ou le Péril social*, p. 146.

appelé « à être parfait, comme son Père céleste (1). »

On comprend, d'après cela, comment la loi qui, en imprimant dans nous-mêmes l'idée d'un Créateur, nous porte vers lui est la première des lois naturelles par son importance (2) » on comprend comment le précepte d'aimer, d'honorer et de servir Dieu est le premier et le plus grand commandement (3).

L'homme moral ou intelligent se perfectionne donc par la pratique des lois religieuses et morales qui ont leur principe en Dieu, et il acquiert par là sur ses penchants un empire qui fait sa force et son bonheur. Mais s'il méconnait ces lois, il tombe dans l'esclavage des sens, et n'y trouve que désordre, trouble et confusion. Saint Paul l'a dit : *Iisquidem qui secundùm patientiam boni operis, gloriam et honorem et incorruptionem quærunt, vitam æternam ; iis autem qui sunt ex contentione et qui non acquiescunt veritati, credunt autem iniquitati ira, et indignatio. Tribulatio et angustia in omnem animam hominis operantis malum, Judæi primùm et Græci ; gloria autem et honor et pax omni operanti bonum, Judæo et Græco* (4) ; et avant saint Paul, David n'avait-il pas dit : *Beatus vir qui timet Dominum* (5), *Beati omnes qui timent Dominum* (6). Les lois doivent donc être aussi parfaites que possible.

(1) Matth., cap. v, 4.
(2) *Esprit des Lois*, liv. Ier, chap. II.
(3) Matth., XXII, 38.
(4) Rom., 2.
(5) Ps. CXI, 1.
(6) Ps. CXXVII, 1.

« Je regarde, dit M. de Bonald, je regarde comme erronée l'opinion que les lois doivent être accommodées à l'mperfection des hommes, et condescendre à leur faiblesse, tandis, au contraire, que la loi, règle suprême et inflexible de nos volontés et de nos actions, nous est donnée pour soutenir par sa force notre faiblesse, et rerdesser nos penchants par sa rectitude. Je crois que les lois faibles ne conviennent qu'aux peuples naissants, et qu'elles doivent être plus sévères à mesure que la société est plus avancée, parce que, pour la société, comme pour l'homme, les rapports s'étendent, et les devoirs se multiplient à mesure que l'âge augmente (1). »

Le bonheur des nations, comme celui des individus, est dans l'observation des lois. Leur mépris, leur infraction, leur violation fait le malheur des sociétés, comme celui des particuliers.

« Il y aurait une paix inaltérable dans les sociétés, dit M. de Bonald, si tous les hommes voulaient obéir aux lois religieuses et morales, et, dans l'univers, si toutes les nations ou sociétés partielles voulaient se conformer aux lois fondamentales de leur existence (2) »

Terminons ce chapitre *des lois*, en citant sur le même sujet les paroles imposantes de Bossuet :

« Toutes les lois sont fondées sur la première de toutes les lois, qui est celle de la nature, c'est-à-dire sur la droite raison et sur l'équité naturelle. Les lois doivent régler les choses divines et humaines, pu-

(1) De Bonald, tom. VI, p. 7.
(2) Tom. Ier, p. 161.

bliques et particulières..... établir le droit sacré et profane, le droit public et particulier.

« Il faut avant toutes choses, régler le culte de Dieu. C'est par où commence Moïse, et il pose ce fondement de la société israëlite : Je suis le Seigneur : tu n'auras point de Dieux étrangers, etc (1). Ensuite, viennent les préceptes qui regardent la société.

« Le premier principe des lois est donc de reconnaître la divinité, d'où nous viennent tous les biens et l'être même : « Crains Dieu, et observe ses commandements, c'est là tout l'homme. » Et l'autre est « De faire à autrui comme nous voudrions qu'il nous soit fait. »

. . . .

« La loi a donc un double effet. Elle unit le peuple à Dieu, et elle unit le peuple en soi-même. . . . .

. . . .

« Tous les peuples ont voulu donner à leurs lois une origine divine, et ceux qui ne l'ont pas eue ont feint de l'avoir.

« Minos se vantait d'avoir appris de Jupiter les lois qu'il donna à ceux de Crète ; ainsi Lycurgue, ainsi Numa, ainsi tous les autres législateurs ont voulu que la convention par laquelle les peuples s'obligeaient entre eux à garder les lois fût affermie par l'autorité divine, afin que personne ne pût s'en dédire.

Platon, dans sa république et dans son livre des lois, n'en propose aucune, qu'il ne veuille faire confirmer par l'oracle, avant qu'elles soient reçues ; et c'est ainsi que les lois deviennent sacrées et inviolables.

(1) Deut., v, 7.

Maintenant, nous le demandons : Nos lois constitutives, nos lois fondamentales ont-elles été rédigées d'après ces grands et sublimes principes? Ouvrons nos huit ou neuf codes, y trouverons-nous seulement une fois le nom de Dieu !

Ne paraît-il pas évident qu'elles sont élaborées d'après la malheureuse parole dite il y a quarante ans par un avocat devenu depuis législateur, ministre, et qui aspire de nouveau à siéger encore parmi nos législateurs ; « La loi est athée et doit l'être. » Notre législation prend-elle son point d'appui et sa sanction en Dieu? Nos lois constatent-elles, reconnaissent-elles d'abord les droits de Dieu et les devoirs de l'homme envers lui? Visent-elles, tendent-elles à la perfection religieuse et morale des individus? et nos législateurs se préoccupent-ils beaucoup de donner à leurs lois ce caractère sacré qui seul, pourtant, peut les rendre vénérables ?

Ah ! poser ces questions, c'est y répondre, et, en même temps, signaler une immense lacune dans notre législation.

Dieu veuille qu'elle en disparaisse bientôt sous l'empire de principes plus justes, plus sages et de sentiments meilleurs !

XVI

DES LOIS — QU'ELLES DOIVENT ÊTRE FERMES ET SÉVÈRES ET QU'ON DOIT LES OBSERVER

Les lois sont à une nation, à un peuple, ce que les conditions vitales de l'organisme sont par rapport à la vie physique, à la vie matérielle de l'individu. Quand le corps est bien constitué, quand l'homme respecte les lois générales de la santé et de la vie, quand il n'apporte aucun trouble dans ces lois, l'homme se porte bien, il est fort, il est robuste. Vient-il à oublier, à méconnaître, à transgresser ces lois, sa santé disparaît, ses forces s'en vont et souvent la mort vient le punir de sa faute. Ainsi en est-il d'une société.

Elle doit tout faire pour avoir de bonnes lois, puisque sa vie et sa santé ou sa prospérité, comme nation, en dépendent.

Son plus grand soin doit donc être de choisir (puisque c'est à elle qu'est dévolu ce choix) des députés-législateurs, dignes de ce mandat.

Mais la France l'a-t-elle toujours fait ? Le fait-elle même de nos jours ? Le peuple qui les choisit comprend-il bien l'importance du mandat qu'il confère à ses députés? A-t-il une juste idée des vertus, des talents, de l'expérience et de la sagesse qu'exige un semblable mandat de ceux à qui il le confie? Et d'un autre côté, ceux qui briguent ses suffrages, ceux qui les sollicitent ont-ils toujours ce qu'il faudrait pour siéger dignement et honorablement parmi les législateurs d'un grand peuple?

Ah! quels tristes, quels déplorables choix ont été faits, chez nous, depuis Maximilien Robespierre jusqu'à Garibaldi, depuis Fabre d'Églantine jusqu'à Henri Rochefort et Félix Pyat, depuis David jusqu'à Raspail et à Courbet. Quelles élections excentriques, bizarres et insensées que celles de Paris, les 26 mars et 16 avril. De semblables élections qu'on dirait faites dans un accès de fièvre chaude ne mènent-t-elles pas tout droit un peuple à sa ruine, et ne donnent-elles pas le droit d'appliquer aux cités qui font de pareils choix cette parole des Anciens :

Quos vult perdere Jupiter dementat,

Peut-on avoir de bonnes lois avec de tels legislateurs?

Et comment pouvoir bien gouverner avec des lois faites par de tels mandataires?

Car, comme on l'a dit justement : « On peut plutôt gouverner avec des faibles, quand les institutions sont bonnes, qu'avec des forts, quand elles sont mauvaises (1). »

Les lois fondamentales étant faites, et bien faites, elles doivent être inviolables, et on doit fortement tenir à leur observation.

(1) De Bonald, *Pensées diverses*, p. 286.

« C'est principalement de ces lois fondamentales, dit Bossuet, qu'il est écrit qu'en les violant on ébranle tous les fondements de la terre, après quoi il ne reste plus que la chute des empires. »

« En général, continue-t-il, les lois ne sont pas lois, si elles n'ont quelque chose d'inviolable. Cet attachement aux lois et aux anciennes maximes affermit la société et rend les États immortels.

» On perd, c'est toujours Bossuet qui parle, on perd la vénération pour les lois, quand on les voit si souvent changer. C'est alors que les nations semblent chanceler comme troublées et prises de vin, ainsi que parlent les prophètes. L'esprit de vertige les possède, et leur chute est inévitable, parce que les peuples ont violé les lois, changé le droit public et rompu les pactes les plus solennels (1) ; c'est l'état d'un malade inquiet, qui ne sait quel mouvement se donner. On tombe dans cet état, quand les lois sont variables et sans consistance, c'est-à-dire quand elles cessent d'être lois (2). »

C'est donc une grande erreur à Rousseau d'avoir dit : « Un peuple a toujours le droit de changer ses lois, même les meilleures ; car s'il veut se faire mal à lui-même, qui est-ce qui a le droit de l'en empêcher ? » Cela équivaut à dire : s'il veut se suicider, se jeter tête baissée dans un abîme, qui peut l'en empêcher ?...

Singulier droit que celui-là ! C'est celui d'un insensé, d'un fou ; et celui qui attribue à un peuple ce droit qu'on refuse même à un individu, même à un

(1) Is. XIX, 14. XXIV, 5.
(2) Eccles., XII, 13.

aliéné, est bien digne d'avoir posé pour principe que « le peuple est la seule puissance qui n'ait pas besoin d'avoir raison pour valider ses actes. »

Les lois doivent être sévères ; nous en avons dit la raison : « La justice sévère fait les peuples forts a dit M. de Bonald (1). »

« Bien des gens, dit encore le même auteur, bien des gens qui veulent des lois, des tribunaux et des gendarmes, craignent des lois trop rigoureuses, des tribunaux trop sévères, des soldats trop obéissants ; ils ressemblent à un médecin qui conseillerait des remèdes actifs, et ne prescrirait que des drogues éventées (2). »

« Tout désordre, dans un État, est un commencement de révolution, comme toute souffrance, dans l'homme, est un pas vers la mort (3). » Dieu commande sans doute à l'homme de pardonner, mais en prescrivant à la société de punir.

» Le gouvernement qui affecte l'indulgence s'expose au danger d'une inflexible sévérité. L'esprit de notre ancienne jurisprudence criminelle était de venger la société ; l'esprit de la nouvelle est de sauver le prévenu. Ceux qui se plaignent des mesures sévères employées contre eux ou contre leurs amis, oublient qu'en ôtant au gouvernement le pouvoir et la force de tout punir, ils lui ôtent le pouvoir et la force de tout pardonner (4). »

Du reste, « dans une société bien réglée, les bons

(1) *Pensées diverses*, tom. VI, p. 304.
(2) *Ibid.*, p. 339.
(3) *Ibid.*
(4) *Ibid.*, p. 309.

doivent servir de modèle et les méchants d'exemple (1). »

« Lorsqu'un peuple est vertueux, dit Montesquieu, il faut peu de peines, (2) mais la conséquence de cette proposition est que quand il ne l'est pas, il faut beaucoup de peines, et il en faut de sévères.

» Qu'on examine, dit le même législateur, la cause de tous les relâchements ; on verra qu'elle vient de l'impunité des crimes (2). »

Cependant, par l'effet du relâchement incontestable des mœurs et de l'affaiblissement des principes de la morale, le vent de l'opinion est à une molle indulgence pour les crimes et délits. On s'appitoie sur leurs auteurs. Tropmann même a rencontré des sympathies ; et l'on a vu des *dames parisiennes* s'éprendre, pour ainsi dire, d'une *belle passion* pour lui, rechercher son portrait, briguer l'honneur de le voir et d'être admises dans sa cellule à lui présenter leurs hommages ! Et les gouvernements et la magistrature ne donnent que trop dans cet égarement social d'une véritable connivence par faiblesse de répression, par manque de sévérité !

Ce fait est incontestable, et il excitait déjà l'étonnement et les plaintes du grand publiciste que nous aimons tant à citer et qui s'écrie :

« N'est-il pas étonnant que lorsque les hommes ont atteint le plus haut degré de malice et de perversité, les gouvernements, à l'envi les uns des autres, ne s'oc-

(1) *Ibid.*, p. 333.
(2) *Esprit des Lois*, liv. VI, chap XI.
(3) *Ibid.*, chap. XII, p. 133.

cupent qu'à affaiblir la rigueur des lois et la sévérité des jugements (1). »

On ne voit pas qu'en diminuant les rigueurs de la répression, on multiplie les crimes, on favorise les méchants ; on jette les bons comme une proie aux Lacenaire, aux Tropmann, aux Lemaître, aux brigands, aux voleurs et aux empoisonneurs. La France tout entière devient un coupe-gorge, parce qu'on n'a de pitié que pour les malfaiteurs et qu'on se soucie peu de la vie des honnêtes gens. Car il en est des criminels et des crimes comme des mauvaises plantes. Ne les arrachez pas : laissez-les croitre ; ces plantes se multiplieront et étoufferont le bon grain. Voulez-vous, au contraire, assurer la croissance de celui-ci ? arrachez sans pitié l'ivraie et les épines. Ainsi doit faire l'autorité dans l'intérêt des bons et dans son intérêt à elle.

Mais si les lois, et surtout les lois pénales, doivent être observées et appliquées avec égalité et impartialité par tous, elles doivent l'être surtout par les tribunaux civils et militaires ; elles doivent l'être à l'égard de tous, et atteindre et frapper les grands aussi bien que les petits, les riches aussi bien que les pauvres, les chefs aussi bien que les inférieurs.

Ah ! sous les républiques aussi bien que sous les monarchies, comme souvent on fait chez nous bon marché du fameux principe : *Les Français sont égaux devant la loi !*

O peuple, « si souvent grue », comme dit le bon Lancelot (2), fais donc des révolutions ; bats-toi, fais

(1) *Pensées diverses*, p. 412.
(2) *Le Jardin des Racines grecques*, au mot λαος.

des barricades, verse ton sang à flots, et vois à quoi tout cela te profite !... Oublieras-tu donc toujours que « les loups ne se mangent pas » et que toujours aussi, comme l'a dit le fabuliste : « les petits ont pâti des sottises des grands. » Oublieras-tu toujours que « les taureaux piétineront les grenouilles et les écraseront? » Seras-tu toujours aveugle, honorant, saluant, encensant et portant sur le pavois ceux qui se servent de toi comme d'un marchepied utile à leur ambition et comme d'un instrument qu'ils dédaignent et rejettent quand ils n'en ont plus besoin? O peuple, te verra-t-on toujours haïssant, calomniant, persécutant, fusillant même et massacrant ceux qui t'aiment, ceux qui te portent dans leur cœur avec la charité du Christ et de Vincent-de-Paul? O peuple, peuple insensé et stupide (1), quand cesseras-tu donc de continuer le crime des Juifs déicides en préférant Barabbas à Jésus?

(1) *Popule stulte et insipiens.* (Deut. XXXII, 6.)

XVII

DU JURY

Le jury est d'origine révolutionnaire. Aussi plaira-t-il toujours et *quand même* anx révolutionnaires.

Cependant, quelle absurdité d'élever au rang de juges des meuniers, des épiciers, des filateurs, des entrepreneurs de bâtiments, des aubergistes et des marchands de bœufs?

Il suffit, d'après la loi, d'être « un des plus imposés » de sa commune pour être appelé à prononcer dans les affaires de cour d'assises.

Ayez des principes religieux ou bien n'en ayez pas, ayez des vertus morales ou bien n'en ayez pas, soyez honnête, tempérant, laborieux, chaste et réglé dans vos mœurs, ou bien ne le soyez pas, vous serez digne de faire partie du jury, pourvu que vous n'ayez pas été flétri par la justice et que vous soyez assez riche.

Il importe même peu que vous soyez instruit ou non, pourvu que vous sachiez seulement signer votre nom, on ne vous demande que cela.

Mais, direz-vous, comment pourrai-je, dans un procès de cour d'assises, dans une affaire de meurtre, de viol, d'incendie, d'infanticide, de banqueroute frauduleuse, d'escroquerie compliquée de faux, de délits de presse, d'outrages à la religion, à la morale ou à l'autorité, distinguer le vrai du faux, le juste de l'injuste, les circonstances aggravantes des circonstances atténuantes ? Comment pourrai-je me mettre en garde contre le ministère public qui accuse toujours et l'avocat qui excuse toujours ; contre le ministère public qui ne voit que des coupables et l'avocat qui ne voit ou feint de ne voir que des innocents ?

Tout cela n'est pas nécessaire : vous direz tout simplement : le prévenu est coupable ou il ne l'est pas ; vous admettrez des circonstances atténuantes ou vous n'en admettrez pas.

Mais, répondrez-vous bien souvent : il ne faut pas une mince intelligence pour découvrir la culpabilité ou la non culpabilité. Les juges eux-mêmes, malgré leurs lumières, leur instruction et leur expérience en ces sortes de matières, se trouvent très-embarrassés et ne savent où est la vérité !

C'est vrai !... mais tant pis ! vous direz oui ou non ; voilà tout ce qu'on vous demande... N'est-ce pas là ce que l'on voit sans cesse dans les jurys ?

Et puis, combien n'arrive-t-il pas souvent que des attentats contre la religion sont jugés par des hommes sans religion, des attentats contre les mœurs par des hommes sans mœurs, des attentats contre la probité par des hommes sans probité, des attentats contre l'autorité par des ennemis de toute autorité, des attentats contre la société par des perturbateurs de la société (1) ?

Doit-on s'étonner, après cela, de certains acquittements scandaleux qui révoltent la conscience publique, et font crier à l'injustice, à la corruption (2) ?

N'a-t-on pas accusé le jury d'être sévère pour les petits et pour les faibles et indulgent à l'excès pour les riches et les puissants, d'être sévère à l'excès pour les délits contre les propriétés mobilières ou immobilières, et de se montrer faible et mou à l'égard des délits et même des attentats contre la moralité.

N'a-t-on pas vu, plus d'une fois, des acquittements révoltants dans des cas d'infanticides accomplis avec des circonstances aggravantes et épouvantables ?

On dit que dans le jury la corruption n'est pas possible !... Eh bien, on dit aussi non seulement qu'elle est possible, mais qu'elle existe !...

L'Assemblée nationale actuelle, dans sa séance du 14 avril 1871, a, sur le rapport de M. de Broglie, et contre l'opinion de M. Giraud, renvoyé au jury les délits contre la religion et la morale. Nous avons lu attentivement les discours du rapporteur et ceux du garde des sceaux, ministre de la justice, appuyant les

(1) A Pau, un jury n'a-t-il pas acquitté les auteurs de la tentative révolutionnaire de Toulouse, y compris le fameux Duportal et l'acteur Saint-Gaudens. (Août 1871.)

(2) Dans les assises de l'Aube, en juillet 1871, le jury a condamné à 18 ans de travaux forcés un individu coupable d'avoir tué avec préméditation son voisin et d'avoir ensuite mis le feu à la maison de ce même voisin... Un assassin et un incendiaire condamné à 18 ans de réclusion !... Assassins et incendiaires, ne vous en privez pas... le jury vous sera doux !....

conclusions de l'honorable rapporteur, et nous sommes fondé à dire (l'avenir le prouvera) que les jurys acquitteront l'immense majorité des délits de ce genre qui leur seront déférés. Pourquoi? Ah! c'est (il faut en convenir!) que la religion, la morale, l'autorité elle-même importent peu à un grand nombre de jurés, indifférents à ces grandes choses, quand ils n'en sont pas les adversaires, les ennemis déclarés.

Citons ici sur le jury l'opinion de notre auteur favori :

« Qu'un notaire qui vient de griffonner un contrat de mariage, un propriétaire qui vient de mesurer son blé et de soigner ses troupeaux, un homme de plaisir qui sort du spectacle ou d'une partie de jeu, un poète, encore échauffé de la composition de quelques scènes de comédie, aillent, sans autre préparation, siéger devant un tribunal pour y condamner à mort ; que cette terrible fonction soit ainsi mise en circulation générale, et, pour ainsi dire en loterie, et arrive comme un accident, tantôt à l'un, tantôt à l'autre ; tout cela, il y a quelques années, aurait paru absurde et même sauvage : ce que c'est que le progrès des lumières ! »

« Pourquoi, dit encore M. de Bonald, pourquoi a-t-il fallu établir des peines si sévères contre ceux qui se refusent à remplir les fonctions de jurés? On peut toujours soupçonner chez un peuple avancé des motifs puissants à des répugnances générales. »

Enfin, réfutant une des assertions lancées par les partisans du jury contre la magistrature, le sage philosophe ajoute : « On a prétendu que des juges s'endurcissaient à la terrible fonction de juger à mort et qu'ils finissaient par en faire habitude : c'est une des plus fortes sottises qu'on ait dites, dans un temps si fécond en sottises (1). »

Quant à nous, nous croyons que lorsque les Français auront bien reconnu que la Révolution est cette boîte de Pandore d'où sont sortis tous les maux ; quand ils auront reconnu que les institutions révolutionnaires sont fausses et pernicieuses; quand ils auront bien compris qu'elles ne peuvent que conduire les peuples à leur ruine, ils rejetteront le jury comme une institution insensée, ridicule et contraire à la justice, à l'ordre, à la morale ; comme une institution à abolir dans l'intérêt de la société.

(1) De Bonald. *Pensées diverses*, p. 371, 372.

XVIII

DE LA PEINE DE MORT

L'acte le plus grave, le plus imposant et le plus solennel qu'un jury soit parfois appelé à faire, est une condamnation à mort.

Condamner son semblable à mort, c'est participer à la souveraine puissance et autorité de Dieu même. Quelques-uns diraient que c'est empiéter sur ses droits et usurper sa suprême judicature.

La question de savoir si l'homme a droit d'ôter la la vie à son semblable est une des questions qui on été le plus agitées de nos jours.

La moderne philantropie, qui n'est que la contrefaçon de la charité chrétienne, nie que l'homme ait le droit de condamner à mort, même les plus grands coupables, les plus grands criminels.

La religion, l'Eglise, lui reconnait ce droit que Dieu lui a conféré.

« Je n'ignore pas qu'une fausse philosophie refuse à la société le droit de condamner à mort et qu'à ces principes conservateurs, fondés sur des raisons inattaquables, elle oppose de misérables sophismes sur le tourment prolongé d'une existence malheureuse ou des opinions extravagantes sur les droits de l'homme en société.

» Ces opinions tiennent d'un côté à cette cruelle philantropie qui sacrifie sans cesse la société à l'homme, et de l'autre à ce matérialisme désolant qui ne voyant rien pour l'homme après cette vie, craint de lui tout ôter en lui ôtant l'existence présente. Et il est bien digne de remarque, que les mêmes hommes qui refusaient le droit de glaive au pouvoir général de la société, en ont permis, en France, l'exercice le plus illimité au pouvoir particulier de l'homme, c'est-à-dire à ses passions.

» La peine de mort est une répression et non un châtiment,

» Mais n'y a-t-il que la peine de mort qui puisse mettre l'individu, coupable d'avoir attenté à l'existence du corps social, dans l'impossibilité physique de continuer ses attentats? Oui, car la mort est le seul moyen de répression auquel il soit physiquement impossible de se soustraire, parce que tout homme peut se dérober par la fuite à une peine même perpétuelle, et qu'une révolution peut rejeter dans la société les malfaiteurs qu'elle a prétendu exclure de son sein; en sorte qu'il est vrai de dire que l'homme ni la société ne peuvent pas infliger d'autre peine perpétuelle que la mort.

» Ainsi, la nation qui condamnerait à la déportation des scélérats qui ont mérité le dernier supplice, manquerait essentiellement aux lois des sociétés entre elles, c'est-à-dire aux lois de l'humanité en laissant au milieu de la société générale des causes et des instruments de la destruction des sociétés (1). »

Cependant, n'est-ce pas là le système qui prédomine dans les jurys. Par l'admission presque continuelle de circonstances atténuantes, alors même qu'il n'y a que des *circonstances aggravantes*, et aussi par l'abus du droit de faire grâce, ne laisse-t-on pas « au milieu de la société des scélérats qui peuvent faire de nouvelles victimes. »

Et les sinistres événements de Paris durant les soixante-dix jours du règne de la commune en 1871, n'ont-ils pas prouvé, qu' « une révolution peu rejeter dans la société les malfaiteurs qu'elle a prétendu exclure de son sein? » N'a-t-on pas compté alors dans l'armée de la Commune cinquante mille repris de justice, de divers pays, dont un grand nombre avaient mérité la peine de mort et ne devaient la vie qu'à la faiblesse d'un jury qui avait « manqué essentiellement aux lois de l'humanité en laissant au milieu de la société des causes et des instruments de la destruction des sociétés? »

Et à propos de ce sujet, qu'on nous permette de revenir sur l'un des glorieux faits et gestes de l'armée de Flourens, de Rossel et de Raoul Rigaud, dans la journée du 6 avril 1871.

Laissons parler le *Rappel* du 7 :

« Tandis que Versailles traite de « malfaiteurs » tous les combattants de Paris, et crache le nom « d'assassins » à nos malheureux prisonniers ; tandis que la province se persuade que le pillage y règne, que le

(1) De Bonald, *Théorie du Pouvoir*.

meurtre y gouverne, sait-on ce qu'en effet cet « honnête et généreux » peuple parisien (honnête et généreux peuple du *Rappel*, du *Bonnet-Rouge*, de *la Marseillaise*, du *Père-Duchêne*, etc.) pille, détruit et brûle ?... la guillotine !... (Quelques jours plus tard il brûlait bien autre chose !...) Hier matin, à neuf heures, le 137ᵉ bataillon, appartenant au 5ᵉ arrondissement, est allé rue Folie-Méricourt ; il a « réquisitionné » et pris la guillotine ; il l'a portée sur la place Voltaire ; il a brisé en morceaux la hideuse machine, et, aux applaudissements d'une foule immense, (de badauds et sans doute de repris de justice qui, quinze jours plus tard, ont « honnêtement et généreusement » brûlé la préfecture de police pour y brûler leurs dossiers ;) il l'a brûlée (le beau coup ! quelle bravoure ! quel héroïsme ! quelle générosité !) il l'a brûlée au pied de la statue du défenseur de Sirven et de Calas, de l'apôtre de l'humanité, du précurseur de la Révolution française (il fallait ajouter : et de la Commune de Paris, mère et fille, vieille et jeune et père de Robespierre, de Marat, de Saint-Just, de Collot d'Herbois, de Lebon et de mille autres contemporains aussi honnêtes et aussi généreux que ceux-là.)

D'autre part, on lisait dans le *Mot d'ordre* du même jour :

« Hier, à dix heures du matin, le peuple (toujours le peuple, pour ne pas dire quelques misérables, intéressés à détruire la guillotine, comme les enfants indociles et indisciplinés sont intéressés à brûler le fouet avec lequel on les corrige(, le peuple (du *Mot d'ordre*) a brûlé l'échafaud sur le boulevard Voltaire. L'idée était bonne (nous venons de dire comment et pourquoi) et le boulevard bien choisi (oui, on ne pouvait pas mieux faire que de mettre cet acte sous le patronage de celui qui a désorganisé la société et l'a mise dans l'état de bouleversement et de décomposition où elle est maintenant). Mais à quoi bon, je le demande (c'est le *Mot d'ordre* qui parle) à quoi bon cet auto-da-fé accompli sur le bois de justice, si, en détruisant l'échafaud, nous conservons la peine capitale avec cette seule nuance que la guillotine est remplacée par le chassepot? Le mode d'exécution ne nous inquiète pas

. . . .

ce que nous voulons, ce n'est pas l'incendie de l'échafaud, c'est l'abolition de la peine de mort? »

Et ce qu'il serait bien mieux, bien plus juste, bien plus sage et bien plus logique de demander, ô jongleurs! ô charlatans! ce serait l'abolition de l'assassinat, de l'empoisonnement, du parricide, de l'infanticide! Ce serait l'abolition des crimes qui sont l'effet de vos doctrines impies et subversives de toute morale et de toute société. Abolissez les crimes!... et, du même coup, non seulement vous démolirez la guillotine, non seulement vous abolirez la peine de mort, mais vous abolirez les galères, les cachots, les maisons de détention et d'arrêt, vous supprimerez les cours d'assises, les gendarmes etc., et vous aurez fait bien plus que de brûler *bravement*, *héroïquement* quelques morceaux de bois pourri, quelques vieilles poutres vermoulues. Nous connaissons pour cela un moyen infaillible,... mais vous n'en voudriez pas! Vous ne voudriez pas y recourir, l'employer!

Cependant c'est le seul bon. C'est de donner à la société ces sages et vertueux principes que vous travaillez sans cesse à lui faire perdre.

En effaçant ces principes de la conscience du peuple, vous multipliez les crimes. Il est naturel que vous vous déclariez contre leur châtiment, contre leur répression. Mais alors, que deviendra, dites-le nous, que deviendra la société ? hélas, nous ne l'avons vu que trop à la fin de ce même mois, que vous inauguriez par la *prise de la Guillotine* ! Nous ne l'avons que trop vu dans ces jours de lamentable mémoire où ce n'était pas à tort que *la Province se persuadait que Paris était à feu et à sang, que le pillage y régnait, et que le meurtre y gouvernait...* car cette guillotine que vous avez triomphalement brûlée, vous l'avez remplacée par vos chassepots... Vous n'avez pas abattu des têtes, excellents philantropes ! mais vous avez percé de balles la poitrine de plus de soixante innocents, pris par vous comme otages, sans compter les jeunes gens, les hommes honnêtes que vous avez fusillés pour les punir de n'avoir pas voulu faire partie de vos bandes anarchiques, incendiaires et assassines. Demandez, après tout cela, l'abolition de la peine de mort, et vantez-vous d'avoir *par humanité* brûlé la guillotine !...

XIX

DU PEUPLE

Une des aberrations les plus ordinaires en France, c'est de donner aux mots un sens qu'ils n'ont pas, et de dénaturer le vrai sens de ces mots pour en faire un instrument de désordre et de mauvaises passions.

Et un des mots dont on a le plus abusé dans le passé et dont on abuse encore le plus dans le présent, un des mots dont on s'est le plus servi et dont on se sert encore tous les jours le plus pour révolutionner et bouleverser la France, c'est celui de *peuple*.

Un peuple, c'est tout une nation, y compris ses gouvernants et même son roi, quand elle en a un.

Mais on entend généralement par *le peuple* les gouvernés ; et, dans un sens plus restreint, ceux qui travaillent des bras, ceux qui sont les moins favorisés sous le rapport de la fortune. Et c'est spécialement cette partie de la société que nos agitateurs désignent sous le nom de *peuple* ; c'est surtout de ce peuple et de ce qu'on appelle encore *la classe ouvrière*, les classes peu aisées, les prolétaires, que nos histrions politiques se disent les amis dévoués et les libérateurs.

Or, dans quel état moral, dans quelle disposition d'esprit est ce peuple en France?

Nous l'avons déjà dit nous-même, et d'autres l'ont dit mieux que nous : à l'heure qu'il est, le peuple est, chez nous, sans croyances religieuses, au moins dans la plupart de nos provinces, au moins dans la plupart des professions dont la nation se compose. Les parents sont sans foi et sans crainte de Dieu. Nos temples ne les voient plus, ne les connaissent plus. La prière a cessé chez eux. Dieu est banni de leur foyer. On ne prononce son nom, sous le toit domestique, que pour le blasphêmer ou pour dire qu'il n'est pas... Sans principes religieux, les parents sont aussi sans mœurs. Pour eux plus de décence, de retenue et de réserve Ils ne rougissent pas, devant leurs enfants, des propos les plus lascifs, des actes les plus immodestes ; et, sans sortir de chez eux, les enfants trouvent des maîtres, des leçons et des exemples des plus honteuses passions!

L'intempérance vient ensuite, et ce cancer des classes ouvrières multiplie à l'infini et peuple jour et nuit les cabarets.

Le peuple ne connaît plus d'autres lieux de réunion que ces tavernes. Boire et même s'enivrer, dépenser en excès tout ce qu'il gagne, sans souci de l'honneur et des besoins de la famille ; dégrader à la fois son âme, son esprit et son cœur, ruiner sa santé, avilir et abréger ses jours, négliger d'acquérir les connaissances qui distinguent l'homme de la bête au point de vue de la religion et de la science, voilà l'usage que le peuple fait, chez nous, de la vie! voilà l'emploi qu'il fait des jours que Dieu lui donne à passer sur la terre ! Et nous défions qu'on puisse justement nous accuser d'exagération. Nous vivons au milieu du peuple, en contact avec lui, et nous le connaissons !...

Instrument aveugle et docile de ceux qui se servent de lui comme d'un marchepied pour monter en triomphateurs sur le char de la fortune, pour arriver aux gros traitements, aux hautes dignités ; il se bat et se fait tuer au profit de ceux qui le trompent, l'égarent et le méprisent ; et il prend en aversion ceux qui l'aiment sincèrement ; ceux qui disent généreusement : « Je suis tout disposé à tout sacrifier et à me sacrifier moi-même avec tout le reste dans l'intérêt de mes frères (1). »

Un trop grand nombre de nos rois ont, par leurs scandales publics, par leurs mauvais exemples, par leurs dissolutions, gâté et corrompu le peuple.

La philosophie, d'abord anti-chrétienne et maintenant athée, a continué cette œuvre. Elle a tout perverti.

« Les philosophes, dit M. de Bonald, ont prêché l'athéisme aux grands et le républicanisme aux peuples ; ils délivraient du joug de la religion ceux qui doivent commander, gouverner, et du frein du gouvernement ceux qui doivent obéir. Ils ont dit aux premiers que la religion n'était faite que pour le peuple ; et aux seconds

(1) *Omnia impendam et super impendar ipse pro animabus vestris.* (II Cor. XII, 15.)

que le gouvernement n'était utile, ne profitait qu'aux grands ; il résulta de cette double instruction, nécessairement commune aux grands et au peuple, que les grands, en concevant du mépris pour la religion, ont conçu aussi des doutes sur la légitimité du pouvoir même qu'ils exerçaient, et que le peuple, en prenant en haine ou en jalousie l'autorité politique, concevait aussi des doutes sur l'utilité de la religion qu'il pratiquait et qui lui prescrivait d'obéir au gouvernement (1). »

Or, un des premiers sentiments de haine que la philosophie ait soufflé au cœur des peuples, c'est celui dont les prêtres sont l'objet. Ils sont, pour employer une expression vulgaire, *les bêtes noires* de la société. C'est à qui les maudira, les outragera,... d'affreux assassinats récents prouvent même jusqu'où va la barbarie féroce de ceux qui, comme un de leurs maîtres, un des intimes de Voltaire, veulent surtout

Du dernier boyau des prêtres
Étrangler le dernier des rois.

Voilà l'humanité, voilà la philantropie de ceux qui mettent pour devise sur leurs drapeaux et sur nos monuments publics : « Liberté, Égalité, Fraternité ! » La belle liberté ! la belle égalité ! l'aimable fraternité que celles des Jacobins de 1793 et celle des Communeux de 1871 !

Or, ces communeux de 1871 qui n'auraient fait de Paris qu'un monceau de ruines et de cadavres, si on ne les eût arrêtés, qui a mis la rage dans leur cœur,

(1) M. de Bonald.

sinon les doctrines impies de la philosophie, de l'Université, de la mauvaise presse; sinon les principes immoraux, semés à pleines mains et prêchés sur les toits dans les dernières années du dernier gouvernement?

Nous l'avons déjà dit d'après Lamennais et Félix Pyat : les peuples sont toujours d'inflexibles logiciens ; et toujours ils tirent les conséquences pratiques des principes et des théories.

M. de Bonald affirme la même vérité, quand il dit: « Les crimes des peuples naissent de leurs erreurs, comme dans l'homme l'action suit la pensée. Un peu plus tôt, un peu plus tard toujours 89 aurait produit 93, et le produirait encore aujourd'hui. »

S'il ne l'a pas reproduit mot-à-mot en 1830, en 1848 et en 1871, il l'a rappelé sous des formes différentes, et il le rappellera encore, *ni Deus obstet*! Les clubs de Ménilmontant, de Belleville et de Montmartre ont précédé et fait surgir les barricades et la guerre civile qui ont brûlé et ensanglanté Paris.

Voulons-nous donc ne pas voir le retour de semblables horreurs, ô gouvernants et vous tous qui pensez, parlez et écrivez, vous qui êtes la tête et le cerveau de la France, éclairez, éclairez le peuple, non pas avec la torche incendiaire de Voltaire et de l'*Internationale*, mais avec le flambeau des vérités révélées! Rendez au peuple les vérités, les principes, les croyances que vous lui avez fait perdre. Relevez-le, ce pauvre peuple que vous avez jeté dans la fange et le bourbier des passions les plus immondes, des instincts les plus sauvages et les plus dénaturés. Songez que, comme l'a dit un sage, « toute imperfection dans la morale d'un peuple est un principe de destruction (1). Souvenez-vous de cette grave parole d'un ancien : « Rien de bon, rien d'honnête ne peut entrer dans un esprit, dans un cœur que le vice a gâté (2). »

Par le suffrage universel et restreint, vous lui confiez le soin de ses propres destinées... mais ne donnez-vous pas, comme un politique ancien le reprochait à ses compatriotes, « ne donnez-vous pas la décision aux fous, en ne laissant que la délibération aux sages »? Ce peuple était-il *mûr*, comme vous dites, pour l'usage du droit que vous lui conférez? Avant de mener au combat un conscrit, vous l'instruisez, vous l'exercez à se servir des armes que vous lui mettez en main. En avez-vous agi ainsi avant d'appeler le peuple à l'urne électorale? Est-il bien en état de choisir ses représentants; hélas, plus d'une élection a prouvé le contraire, plus d'une élection a prouvé combien est fausse cette assertion de Montesquieu : « Le peuple est admirable pour choisir ceux à qui il doit confier quelque partie de son autorité (3). »

(1) De Bonald, *Pensées diverses*, p. 430.
(2) *Animo voluptatibus corrupto, nil honestum intrat.* Tacite.
(3) *Esprit des Lois*, liv. II, chap. II, p. 14.

XX

DE L'ARMÉE

L'armée est le bras droit d'un peuple.

A elle, à l'armée de faire respecter la nation par les ennemis du dehors, et par ceux du dedans. A elle de soutenir le pouvoir légitime et de combattre les factieux et les hommes de désordre ; à elle de repousser les guerres étrangères et de réprimer les émeutes et les agitations intérieures de la rue.

A elle, par conséquent, d'avoir de bons principes, d'après lesquels elle se conduise.

Avec de bons principes, vous aurez les armées de Josué, de Gédéon, des Machabées, de Scipion, de Charlemagne, de saint Louis, de Louis XIV, de Bonchamp, de Cathelineau, de Charrette et de la Rochejacquelein ; et avec de mauvais principes, vous aurez les armées des Madianites, des Gabaonites, d'Ammon, d'Absalon, de Jéhu, d'Attila, de Gengis-Khan, de Tamerlan, de Genséric, de Garibaldi, de Serisier, de Cluseret, de La Cécilia, de Rossel et de Raoul-Rigault.

On a dit : « Les baïonnettes doivent être intelligentes » : oui, pour le bien ; non, pour le mal ! Oui, pour l'ordre et la justice! Jamais pour l'injustice et le crime!

L'obéissance passive n'oblige pas les soldats jusque là.

Voyez dans les armées des premiers empereurs de Rome: La légion *Thébaine*, la légion *Fulminante*, ainsi appelée de sa bravoure, combattaient les ennemis de Rome et de ses empereurs sur les champs de bataille. Mais elles étaient chastes, honnêtes, tempérantes, douces envers les vaincus et toujours soumises. Nos armées de la République, sur la fin du dernier siècle, et celles du premièr empire, en Espagne surtout, ont-elles eu ces vertus? Ont-elles triomphé d'elles-mêmes? Ah! nous avons encore connu des soldats de ces armées; et nous avons rougi pour la France et pour son drapeau des actes de barbarie et d'immoralité dont ils osaient même se vanter!

Avouons, reconnaissons, à notre honte, que nous n'avons pas toujours été, sous les drapeaux, les modèles des autres peuples. A qui faut-il surtout en imputer la faute?

Sans doute et avant tout à l'absence de bons principes dans l'esprit des soldats, mais principalement à l'immoralité des chefs. Lorsque les généraux donnent l'exemple des vertus, les soldats les imitent; *regis ad exemplar*, etc.

Ah! la dernière guerre que la France vient d'avoir avec la Prusse et ses alliés a révélé à tous ce qui manque à notre armée. Nos défaites ont été nombreuses et accablantes; et les vainqueurs de Wagram, d'Iéna, de Lutzen sont devenus les vaincus de Sarrebruck, de Metz, de Sedan, de Strasbourg, de Reischoffen, de Forbach, de Gravelotte et de Wissembourg.

Outre l'infériorité du nombre, les Français avaient contre eux trop de cause d'insuccès, comme les faits l'ont prouvé.

Aussi, de toutes parts a-t-on demandé des réformes dans l'armée. Le gouvernement en a reconnu la nécessité. Une commission a été nommée à cet effet, et tous les officiers, et même les simples soldats, ont été autorisés à donner leurs idées et à exposer leurs vues sur les réformes à introduire dans notre régime militaire. De grandes améliorations vont naturellement surgir de cet appel à l'expérience, à la science et à l'intelligence de tous.

Mais sur quoi porteront les améliorations? Sur les réformes à faire dans l'artillerie, le génie, l'infanterie, la cavalerie, l'intendance, l'habillement, l'équipement du soldat, la durée du service, l'instruction des officiers, etc., etc., en un mot sur le matériel.

Mais qui s'occupera des réformes morales? Qui y songera (1)? Un des noms les plus imposants que

(1) D'après le *Progrès national de l'Aube* (no du dimanche 23 juillet), M. le baron Chaurand aurait déposé sur le bureau de l'Assemblée législative, un projet de loi ayant pour objet d'assurer aux militaires de toutes armes la liberté de remplir leurs devoirs religieux les dimanches et jours de fêtes d'obligation, et statuant qu'en temps de guerre des dispositions spéciales seront prises pour procurer à tous les militaires la faculté de remplir leurs devoirs religieux.

Nous applaudissons de tout cœur à ce projet de loi qui serait parfaitement conforme aux besoins spirituels de l'armée, et à l'ordre d'idées exposé ici par nous. Et nous faisons des vœux pour que la tenue de nos soldats dans le lieu saint, alors même qu'ils ne sont pas sous les armes, soit aussi bonne, aussi décente, aussi respectueuse que l'était celle des soldats catholiques prussiens.

Nous avons vu ceux-ci aux pieds de nos autels, et nous avons prenne le Très-Haut est celui de *Dieu des armées*, Dieu des combats, Dieu des batailles.

Or, quel respect nos armées montrent-elles pour la divinité ?

Ouvrez l'histoire du peuple juif! Vous verrez quelle piété, quel respect des choses saintes animait ses soldats.

Les légions romaines ne portaient-elles pas dans les camps, avec les aigles, les images des dieux de Rome?

Et, à ce propos, nous demanderons pourquoi, en ce moment surtout où nous ne savons quel emblème national adopter, où nous n'en avons même point, nous demandons si ce ne serait pas une bonne chose que de donner à chacun de nos régiments un drapeau où serait l'effigie d'un illustre soldat : saint Michel, le chef de la milice céleste, saint Georges, saint Maurice, saint Sébastien, saint Victor, saint Martin parmi les gloires militaires de l'Eglise, et, parmi les Français, Clovis, Charlemagne, saint Louis, Philippe Auguste, Henri IV, François Ier, Les Bayard, les Duguesclin, les Jean-Bart, les Turenne, les Condé, les Luxembourg ne seraient-ils pas honorés de guider nos soldats ? Nous donnons à nos rues, à nos vaisseaux, à nos boulevards, à nos places publiques le nom de nos grands hommes et surtout de nos illustres capitaines: pourquoi ne le donnerions-nous pas à nos régiments? Ne vaudrait-il pas autant dire le régiment

admiré leur recueillement profond, leur attitude vraiment et éminemment religieuse, en regrettant du fond du cœur que telle ne soit pas toujours l'attitude de nos soldats, et même de nos *civils* dans les lieux consacrés à Dieu.

de Jeanne d'Arc, de Drouot, de Catinat, de Vauban, de Marceau, d'Assas, de Villars et de mille autres officiers dont les noms sont historiques, que de distinguer ces regiments seulement par un numéro d'ordre. Ne serait-il pas au moins aussi convenable de dire le régiment de Turenne que de dire la rue ou la place de Turenne? N'avons-nous pas vu dans l'armée prussienne le *régiment de Blucher*? et des noms de ducs, d'empereurs, de princes, de généraux et de soldats célèbres dans les fastes militaires ne feraient-ils pas mieux sur l'esprit et la valeur d'un régiment qu'un simple numéro d'ordre comme 1er, 2me, etc, de ligne, de cavalerie, d'artillerie, de génie?

La foi manque à la plupart de nos soldats et de nos officiers. Très-peu sont religieux. A peine s'il y a quelques prêtres dans nos armées; et, sous ce rapport, comme sous bien d'autres, l'Allemagne nous fait encore la leçon. Un aumônier catholique et un ministre protestant y rappellent Dieu aux soldats; et ils sont plus respectés et plus considérés que nos aumôniers français ne le sont dans nos armées, quand il y en a. Nous l'avons vu, et nous pouvons le dire. Au temps de Pâques, presque tous les soldats, luthériens et catholiques, ont rempli le devoir que cette solennité impose. Combien de soldats français, et surtout d'officiers s'acquittent de cette obligation imposée à tout soldat chrétien?

Quelle supériorité les troupes prussiennes n'ont-elles pas montrée aussi sur les nôtres du côté de la discipline? Et n'aurait-on pas pu dire à nos soldats, ce que Bélisaire disait aux siens, en leur parlant des Perses: « Les Perses ne vous surpassent point en courage: ils n'ont sur vous que l'avantage de la discipline (1). »

Oui, et cet avantage a valu aux troupes allemandes une grande partie de leurs succès; comme l'indiscipline de nos troupes, de nos mobiles, de nos mobilisés, de nos compagnies de marche, de nos francs-tireurs, de nos gardes-nationaux et peut-être de nos troupes régulières, nous a valu une grande partie de nos revers, de nos défaites.

Enfin, dans cette funeste guerre qui a si malheureusement fait voir en quoi nous péchons, et en quoi nous sommes faibles, il n'y a eu qu'une voix pour accuser d'ignorance nos officiers, et pour leur reprocher leur défaut d'instruction. On les a comparés aux officiers allemands, et on les a trouvés, sous le rapport de la science et des connaissances militaires, bien au-dessous de ceux-ci.

Et ces accusations, à peu près unanimes, qui s'étaient déjà produites dans la guerre de Crimée, et qui se sont renouvelées avec plus de force dans celle-ci, ces accusations n'étaient pas sans fondement.

Et la cause de l'ignorance qu'on reproche à nos officiers, c'est que, quand ils ont l'épaulette, ils ne travaillent plus à leur instruction. La promenade, les cafés, les théâtres et d'autres passe-temps prennent tous les instants dont ils peuvent disposer. S'ils lisent quelques pages, ce sont des romans, des comédies, des feuilles légères ; mais pas un livre sérieux.

Citons un fait à l'appui :

(1) *Considérations sur la Grandeur et la Décadence des Romains*, chap. XXI. p. 236.

Il y a dix ans que nous sommes dans l'endroit où nous écrivons ces lignes; et cet endroit est un lieu où la troupe passe souvent, parce qu'il est peu éloigné d'un camp.

Là, nous avons souvent logé des officiers français; presque toujours des capitaines. Eh bien! un seul de tous ces officiers nous a demandé un livre à lire dans sa chambre. Et sur l'offre que nous lui fîmes de faire lui-même son choix dans notre bibliothèque, où étaient cependant plusieurs ouvrages récents, il choisit deux volumes de *Bossuet* : un de *Sermons* et le *Discours sur l'Histoire universelle*, ce qui nous fit lui dire qu'il était probablement le seul officier de toute l'armée française assez sérieux pour faire un pareil choix.

A un autre nous disions un jour que, selon nous, et d'après l'idée de justice et d'équité que nous nous faisions de l'armée, le travail, le mérite, la science devaient nécessairement percer et parvenir aux grades. A quoi il nous répondit :

« Détrompez-vous, Monsieur. Il n'y a pas de car-
» rière où la faveur règne plus en souveraine que dans
» l'état militaire. Loin même que l'instruction y
» serve à l'avancement, elle y nuit plutôt ; car elle
» attire à celui qui en a plus que ses frères d'armes
» l'envie et la jalousie de ses égaux et de ses supé-
» rieurs auxquels son mérite fait inévitablement om-
» brage et dont ils le punissent en ne le portant pas
» sur les listes d'avancement. »

Nous venons de dire combien les officiers français sont généralement peu laborieux, peu studieux et, partant, peu instruits.

Disons, seulement d'après ce que nous avons vu, combien les officiers prussiens l'emportent encore en ce point et sont encore, en cela, nos maîtres.

Nous avons, pendant l'occupation, logé trois capitaines prussiens, deux des hussards rouges et un du 82e de ligne, et cela durant plus de trois mois.

Eh bien, nous avons toujours vu étendues et déroulées sur leurs tables des cartes géographiques, accompagnées de pinceaux et de couleurs.

Un jour, nous entrâmes dans leur chambre en l'absence de l'officier qui l'occupait. Nous fûmes frappé de voir sept à huit volumes sur sa table de nuit. Nous eûmes la curiosité d'approcher pour voir quels étaient ces livres. Les voici :

Un *Dictionnaire français-allemand* et *allemand-français* ; une *Grammaire allemande-française comparée ;* un ouvrage en pur allemand ; puis, en français, la *Campagne de Bonaparte, en Egypte*, par M. Thiers ; les *Considérations sur la grandeur et la décadence des Romains,* par Montesquieu ; les *Tragédies de Corneille* et enfin *Paul et Virginie*, de Bernardin de Saint-Pierre.

Assurement, voilà un joli choix. Beaucoup d'officiers français en feraient-ils un pareil ? Et si l'on voyait sur leur table quelques volumes, ces volumes seraient-ils aussi sérieux et aussi bien choisis ? Il est vrai que, dans un coin, sur un fauteuil, nous avons vu un mauvais roman de M. E. A. ; et nous avons dit : *En cela, ce Prussien est Français.* Car, si nos officiers français lisaient quelque chose, c'étaient les œuvres de Parny, les chansons de Béranger, les romans de Paul de

Kock et autres ouvrages de même nature et de même utilité.

Nous terminerons ce chapitre sur l'armée par une citation de M. de Bonald, touchant les *Ecoles militaires* :

« Où l'homme, se demande, à propos de l'éducation, le judicieux penseur, où l'homme recevra-t-il l'éducation propre à sa profession ? — « Dans sa profession même », répond-il ; ainsi l'éducation de l'homme d'église sera dans le séminaire ou dans sa paroisse.

» L'éducation de l'homme de guerre, dans son régiment.

» L'éducation du magistrat, au barreau ; comme l'éducation du négociant est à son comptoir ; et celle de l'agriculteur, à sa terre.

» Mais si le jeune militaire doit recevoir l'éducation militaire dans son régiment, il faut donc que le régiment soit constitué de telle sorte qu'il puisse y recevoir cette éducation, et que l'éducation du régiment ne soit que l'application de l'éducation sociale à la profession militaire. On peut en dire autant de toutes les professions. Si mes contemporains regardent ces principes comme frivoles, ils sont bien corrompus ; s'ils en regardent l'exécution comme impossible, ils sont bien faibles.

» Les établissements connus, en France, sous le nom d'écoles militaires, sont donc inutiles ? Entièrement ; ils n'ont servi qu'à placer des états-majors, et à consommer en pure perte les finances de l'État. Car que pouvait-on apprendre dans une école militaire ? La subordination ? Précisément parce que l'école était militaire, il y avait très-peu de subordination.

» La décence des mœurs? Précisément parce que l'école était militaire, il y avait peu de mœurs.

» Les mathématiques? On ne les apprend pas dans une école militaire autrement que dans un collége.

» La tactique? On ne l'apprend que dans les grandes manœuvres.

» La science de l'artillerie? On ne l'apprend qu'aux écoles d'artillerie.

» Les fortifications ? Aux écoles du génie, dans les places fortes.

» L'art nautique? Dans les écoles marines et sur les vaisseaux.

» Le maniement des armes et l'exercice? C'est un art de huit jours, et ce n'est pas la peine d'élever à grands frais des écoles militaires pour y apprendre, en dix ans, ce qu'on peut apprendre ailleurs en huit jours, et pour y apprendre mal ce qu'on peut apprendre beaucoup mieux ailleurs. Les faits viennent à l'appui du raisonnement. Je ne crois pas que la France ait eu de plus grands hommes de guerre depuis qu'elle avait des écoles militaires. Je tranche le mot : parce que c'étaient des écoles militaires, parce que les enfants y avaient des fusils et des épées, parce qu'ils y faisaient l'exercice, parce que l'on y enseignait tout,..... on n'y apprenait rien.

» Il faut donc des colléges tout simplement, des colléges-pensions (1). »

(1) *Théorie de l'Éducation sociale*, p. 359.

XXI

DE L'ÉDUCATION

« L'homme naît ignorant et faible ; mais capable d'apprendre, par le secours d'autres êtres intelligents, à connaître et à agir ; bien différent de la brute, qui naît avec un instinct, qui, sans aucune instruction, suffit à ses besoins. En un mot, l'homme naît perfectible ; l'animal naît parfait.

» L'art de faire passer l'homme (*educere*, *educare*) de l'état d'ignorance et de faiblesse à l'état de connaissance et d'action, s'appelle éducation.

» L'éducation a pour objet de former le cœur, et l'instruction ; de développer l'esprit.

» L'éducation doit commencer avec la vie et aussitôt que l'homme est en état de voir. L'instruction commence avec la raison et dès que l'homme est en état de juger et de comprendre. Ainsi, un enfant peut avoir reçu beaucoup de bonne ou de mauvaise éducation, avant qu'il ait reçu aucune instruction (1). »

Ainsi, l'instruction donne la science, et l'éducation fait aimer ou pratiquer la vertu.

(1) De Bonald. *De l'Education et de l'Instruction.*

On comprend, d'après cela, combien l'éducation est nécessaire et combien elle l'emporte sur l'instruction.

Les passions naissent avec l'homme et ne meurent qu'avec lui. La religion doit donc s'emparer de l'homme social à sa naissance et le suivre jusqu'au tombeau (1).

De là, la nécessité d'une éducation religieuse qui commence au berceau et qui accompagne l'homme jusqu'à la mort.

Or, sont-ce là les principes de nos gouvernants ? Font-ils de l'éducation de l'enfance, de la jeunesse et de tous les âges, le principal, le grand objet de leurs préoccupations ? Et même ne sont-ils pas allés, surtout dans ces dernières années, jusqu'à fausser ces principes et à donner à l'enfance, à la jeunesse, une éducation malsaine, impie, irreligieuse et, partant, antisociale ?

Oui, nous les accusons hautement et sans balancer de forfaire, en ce point, à la première et principale de leurs obligations. Ils ont trop, beaucoup trop négligé l'éducation du peuple. « L'éducation publique et sociale était chez les Egyptiens, dit M. de Bonald, l'institution la plus perfectionnée (2) comme elle est, observe-t-il avec raison, dans les gouvernements modernes, l'institution la plus négligée. Cependant, ajoute-t-il avec une grande perspicacité, cependant le temps presse : il faut, par une éducation sociale, former les hommes pour la

(1) Le même. *Législation primitive*, p. 171.

(2) Rendant hommage au même peuple, Bossuet a dit : Les Égyptiens s'exerçaient surtout à former le cœur, à orner l'esprit et à fortifier le corps des enfants.

société, ou bientôt il n'existera plus de société parmi les hommes (1). »

Depuis le temps où l'illustre politique parlait ainsi, les gouvernements ont-ils tenu compte de ses avertissements? Qu'ont-ils fait pour l'éducation à proprement parler? L'Université qui a leur pensée et qui est leur très-humble servante, l'Université s'est beaucoup occupée d'instruction ; mais a-t-elle donné et donne-t elle une vraie et bonne éducation, et n'a-t-elle pas, au contraire, pris ombrage des maisons rivales dont elle redoutait, avec raison, la concurrence? Et, en 1848, n'a-t-elle pas fait fermer des établissements où l'éducation était regardée par plusieurs comme répondant mieux aux besoins de la société et aux désirs des familles?

Depuis 70 ans, pour ne pas remonter plus haut, on n'a rien fait *pour* l'éducation religieuse et morale du peuple; et, dans ces dernières années, comme nous l'avons fait voir plus haut, on a fait immensément *contre*. Aussi avons-nous plus d'une raison de craindre de voir s'accomplir cette menace du grand philosophe:

Si . . . . l'on ne se hâte pas de donner à l'enfance et à la jeunesse une éducation convenable, une éducation religieuse, morale, honnête, qui forme les jeunes gens à la vertu : « Bientôt . . . . . bientôt il n'existera plus de société parmi les hommes. »

« La loi politique la plus urgente, la dette la plus sacrée des souverains, le plus ferme appui de la constitution, est une éducation sociale ou publique qui

(1) *Ibid.*

imprime dans le cœur de la génération naissante le respect pour les lois fondamentales et les propriétés sociales, le respect pour la religion.

» L'éducation domestique ou particulière est celle que l'homme reçoit dans sa famille et pour sa famille (1). »

Or, combien de familles sont hors d'état de donner aux enfants l'éducation domestique ou particulière? Combien même qui ne peuvent que gâter le cœur des enfants et corrompre leurs mœurs ?

L'éducation sociale ou publique est celle que l'homme reçoit dans la société et pour la société.

Mais la société civile est à la fois société religieuse et politique.

Donc l'éducation ne peut être sociale sans être à la fois religieuse et politique.

L'éducation la plus efficace commence dès l'âge le plus tendre (2).

« Loin donc des pères et mères, loin des enfants, loin de la société, loin de l'espèce humaine, les funestes principes de l'auteur d'*Émile*. Si vous ne parlez aux hommes de la divinité que lorsqu'ils pourront la comprendre, vous ne leur en parlerez jamais ; si vous ne leur parlez de leurs devoirs, que lorsque les passions leur auront parlé de leurs plaisirs, vos leçons seront perdues (3). »

L'homme est esprit, cœur et sens, et il porte dans sa

(1) De Bonald.
(2) *Ibid.*
(3) *Ibid.*, p. 333.

famille et dans la société son esprit, son cœur et ses sens. La société a droit de faire tourner à son usage toutes les facultés de l'homme ; elle doit donc former pour l'utilité générale sa faculté pensante ou voulante ou son esprit, sa faculté aimante ou son cœur et sa faculté agissante ou ses sens ; et tel est l'objet de l'éducation sociale.

Et la société doit veiller à ce que les enfants de toutes les familles sociales reçoivent l'éducation publique ou sociale, parce que la volonté générale de la société, qui a sa conservation et son avantage pour unique objet, doit prendre tous les moyens d'assurer cette conservation et cet avantage (1). »

De là la pensée de l'instruction obligatoire, dont nos gouvernants se font honneur et qui assurément sera moins importante dans ses résultats que ne le serait celle de l'*Education obligatoire*, si nécessaire, si désirable.

Mais, comme nous l'avons dit, c'est sous le toit domestique que doit commencer et se faire l'éducation de l'enfant.

Et pour que les enfants puissent avoir une bonne éducation ; pour qu'ils puissent avoir de bons et sages principes, « il y a, dit Montesquieu, un moyen sûr, c'est que les pères en aient eux-mêmes. Ce n'est point, dit-il, le peuple naissant qui dégénère ; il ne se perd que lorsque les hommes faits sont déjà corrompus. »

Et voilà une des paroles les plus inquiétantes, les plus effrayantes même pour l'avenir de notre malheureux pays.

(1) P. 371.

Tout le monde dit que nous sommes dans un abîme, dans un chaos. On gémit sur le présent, on craint encore plus l'avenir.

La jeune génération, l'enfance, la jeunesse, ne peut être qu'à l'image et à la ressemblance de la génération qui marche devant elle dans les voies de la vie. Or, si la génération qui est en ce moment à la tête de la société est sans croyances, sans principes, comment en donnera-t-elle à l'âge qui la suit?

Ah ! combien il y a de quoi trembler pour l'avenir de notre infortunée patrie, quand on voit combien peu de parents donnent à leurs enfants une bonne éducation?

« J'ai toujours pensé, dit Leibnitz, qu'on réformerait le genre humain, si l'on réformait l'éducation. »

Nous pensons comme le grand philosophe allemand. Mais qui réformera l'éducation de la jeunesse ? Les parents ? nous venons de dire que cela est impossible à la plupart d'entre eux. Le gouvernement ? il ne s'en occupe pas. L'Université ? elle manque des principes indispensables pour cela. Elle affiche même des principes essentiellement opposés à la vraie et bonne éducation. Le sacerdoce? mais n'est-il pas sans cesse outragé, conspué, insulté, maudit, calomnié, persécuté? Et, dans cette situation, quel pouvoir, quelle influence peut-il avoir sur la jeunesse qui ne l'écoute plus, ne le respecte plus et fait souvent chorus avec les âges plus avancés pour lui prodiguer l'outrage, et se moquer de ses leçons et de son ministère.

Les livres des anciens Perses disaient : « Si vous voulez être saint, instruisez vos enfants, parce que toutes les bonnes actions qu'ils feront vous seront imputées. » Or, si les bonnes actions sont imputées à mérite, à récompense, les mauvaises doivent l'être aussi à honte et à châtiment. Et tel était l'usage à la Chine et au Pérou : « On punit, à la Chine, dit Montesquieu, les pères pour les fautes de leurs enfants; c'était aussi l'usage du Pérou ; et Dieu l'a fait à l'égard du grand prêtre Héli (1). Si cet usage existait parmi nous, que de pères, que de mères mériteraient d'être punis pour la conduite perverse et déréglée de leurs enfants !

Et si, comme le dit le même publiciste « c'est dans le gouvernement républicain que l'on a surtout besoin de toute la puissance de l'écucation », mon Dieu ! combien cette puissance ne fait-elle pas défaut à notre République, et combien ne lui fera-t-elle pas encore longtemps défaut ! surtout si, ce qu'à Dieu ne plaise ! les Mottu, les Cadet et consorts, parvenaient à avoir la haute main dans nos affaires?

Quelle belle éducation ils donneraient à notre jeunessse ! Quelle admirable génération ils formeraient pour l'avenir ! Et que la France aurait un jour le droit d'en être fière !

Les gouvernements font les hommes, et les hommes, à leur tour, font les gouvernements. Les gouvernements font les hommes en usant des moyens dont ils disposent pour former les hommes au bien et aux vertus religieuses et sociales, et les élever à la hauteur à laquelle l'homme peut atteindre par une bonne édu-

(1) *Esprit des Lois*, liv. VI, chap. XX, p. 148.

cation ; et, d'un autre côté, les hommes font les gouvernements, parce que les gouvernements ne sont que la mise en pratique, la réalisation des pensées, des doctrines et des sentiments des hommes, gouvernants et gouvernés. Un gouvernement, quelque nom qu'il porte, quelque forme qu'il revête, sera toujours bon, quand les hommes dont il se compose seront bons, honnêtes et vertueux ; et il sera toujours mauvais, quand les hommes seront mauvais.

Voulez-vous donc avoir un gouvernement sage, honnête et vertueux, donnez-nous dans tous les rangs et à tous les degrés de l'échelle sociale, mais surtout au sommet, des hommes sages, honnêtes et vertueux. Et, au contraire, pervertissez la nation, ôtez-lui les bons principes qui font la vie et la morale des peuples, et vous aurez un gouvernement détestable qui vous mènera droit à l'abîme.

Le colonel baron Stoffel, attaché militaire en Prusse, dans la remarquable brochure où il a publié les rapports par lesquels il avertissait le gouvernement impérial de Napoléon III des dangers qui le menaçaient, dit dans sa préface :

« Pour trouver les causes essentielles de la décadence intellectuelle et morale de la France, il faut remonter à « quatre-vingts ans », et la chercher d'une part « dans l'absence d'une saine éducation religieuse », d'autre part « dans la déplorable instruction qui est donnée à toutes les générations les unes après les autres ».

XXII

DE LA DISCIPLINE ET DE L'INDISCIPLINE

Par ces deux mots nous touchons à un des plus puissants éléments de la force, de la prospérité morale des corps ou sociétés, et à une des causes les plus actives de leur faiblesse et de leur dissolution.

Parmi les écrivains (auteurs ou journalistes) qui, dans le cours de cette triste année, ont traité des maux de la France, peu, très-peu (s'il en même quelques-uns), ont porté leur attention et attiré celle des lecteurs sur ce point cependant si important et que je pourrais même qualifier de capital ; peu, très-peu ont fait voir quelle est, dans un État, la puissance de la discipline, et combien tout État, toute nation perd par l'indiscipline.

On entend par discipline l'ensemble des devoirs et des obligations des *disciples* envers leur maître et des inférieurs à l'égard de leurs supérieurs,

Il y a, selon les différents ordres de l'État, diverses sortes de disciplines.

La discipline religieuse ou ecclésiastique et la discipline militaire tiennent le premier rang.

Dans le chapitre de ce livre qui a pour titre : *De l'Armée*, nous disons quelques mots de la discipline militaire qui a complétement fait défaut parmi nos troupes dans la malheureuse guerre que l'Allemagne vient de nous faire avec tant d'avantages.

Nous ne parlerons ici que de la discipline religieuse et civile.

Or, la religion tout entière est, dans ses actes, dans son expression visible, la première, la plus sainte, la plus auguste et la plus nécessaire des disciplines ; car elle se compose d'actions diverses, prescrites, réglementées par Dieu lui-même, par l'Église, par les conciles généraux ou particuliers, par le Pape, par les Évêques, par les usages et les coutumes des pays, pour la gloire de Dieu et pour le bien général et particulier des chrétiens.

La sanctification des dimanches et des fêtes, la cessation, en ces jours, de certaines œuvres appelées serviles ; l'obligation de la prière publique dans les temples, la réception des sacrements à certaines époques, l'abstinence en certains temps, à certains jours, de certains aliments, la prière du soir et la prière du matin, celle d'avant et d'après les repas, les diverses manières de se tenir dans le lieu saint, selon les différentes parties de l'office : voilà, en partie, ce qui constitue la discipline chrétienne et catholique.

Or, que la religion soit une discipline et que cette discipline soit obligatoire, c'est ce qui résulte de mille passages de l'Écriture.

« Si vous ne m'écoutez pas, dit le Seigneur aux » Juifs, si vous n'observez pas mes commandements, si

» vous méprisez ma loi et négligez ma discipline,
» voici ce que je ferai contre vous : Je vous visiterai
» soudain par la pauvreté et par une ardeur qui des-
» séchera vos yeux et consumera vos âmes ; en vain
» vous répandrez vos semences, elles seront dévorées
» par des ennemis ; je tournerai ma face contre vous,
» et vous tomberez devant vos ennemis ; et ceux qui
» vous haïssent vous assujettiront ; vous fuirez et vous
» ne serez pas poursuivis. Si vous refusez encore de
» m'obéir, j'amènerai sur vous, pour vous châtier,
» sept fois plus de maux, à cause de vos péchés ; je
» briserai la dureté de votre orgueil et je rendrai pour
» vous le ciel de fer et la terre d'airain. Votre travail
» sera vain, votre terre ne donnera point de moissons
» et les arbres ne porteront point de fruits..... Si vous
» ne voulez point encore vous repentir, j'amènerai sur
» vous un glaive vengeur de mon alliance ; et lors-
» que vous fuirez dans les villes, j'enverrai la peste au
» milieu de vous et vous serez livrés aux mains de
» vos ennemis..... Je détruirai votre terre, et vos enne-
» mis seront étonnés lorsqu'ils la posséderont (1). »

« Soumettez-vous, dit le Psalmiste, soumettez-vous
» humblement à la discipline, dans la crainte que le
» Seigneur ne se fâche et qu'il ne vous chasse de la
» bonne voie (2). »

Au livre des *Proverbes*, le Sage dit à son élève :

« Mon fils, attache-toi à la règle, embrasse la disci-

(1) Lévit., XXVI, 14, etc.
(2) Psal., II, 12.

pline. Ne te relâche point, conserve-la, car elle est ta vie (1). »

Oui, comme la discipline militaire est la force et la vie d'une armée, ainsi peut-on dire avec raison que la discipline religieuse est la force et la vie civile d'une nation. Une nation solidement, foncièrement religieuse sera toujours une nation forte (2). La discipline religieuse prémunit contre les vices qui font le malheur des peuples. « Celui qui garde la discipline, marche dans les voies de la vie, dit toujours le Sage ; mais celui qui l'enfreint erre çà et là (3). »

N'est-ce pas là notre état?

Il n'y a plus chez nous, il n'y a plus en France de discipline religieuse, peu d'observation des fêtes et des dimanches, plus de respect pour les lois du jeûne et de l'abstinence, plus de réception des Sacrements au temps marqué par l'Église, plus de prière du matin et du soir dans les familles.

Si quelques-uns vont encore à l'église à certaines solennités, c'est parce que cela leur plaît. Ce qui reste de religion extérieure n'est plus qu'une affaire de caprice, une *idée*, une *fantaisie*.

Mais on ne fait plus rien comme accomplissement d'un devoir, ce n'est plus de la discipline, c'est de la débandade.

Et voyez ces quelques rares chrétiens que l'habitude ou les exigences sociales, les mariages ou enter-

(1) IV, 13.
(2) Témoin la Vendée et la Bretagne en 1794.
(3) Prov. X, 17.

rements, convoquent et rassemblent de temps en temps dans nos églises et devant les autels; il n'y a plus chez eux de tenue uniforme, les uns sont debout quand les autres sont assis ou à genoux. Leur tenue manque d'ensemble et trop souvent de recueillement.

Que si la discipline a disparu de nos temples, bien plus encore a-t-elle disparu des familles et de la société publique.

Que sont devenus ces signes, ces témoignages de respect qui formaient ce que l'on appelait jadis la *civilité?*

M. de Bonald l'a dit avec sa profondeur de vue habituelle : « On a perdu la foi, la religion, la piété et la politesse ; et on ne se gêne plus ni avec Dieu ni avec les hommes. »

« On a perdu la foi » qui est la discipline de l'esprit ou de l'intelligence ; « on a perdu la religion, la piété « qui est la discipline des actes et des sentiments par rapport à Dieu ; « on ne se gène plus avec Dieu ; « on ne se lèvera pas même, on ne se découvrira pas, on ne se mettra pas à genoux par respect pour lui. Un très grand nombre ne vont pas, les dimanches et fêtes, l'adorer dans ses temples par la seule raison que, pour y aller, il faudrait « se gêner », se contraindre, faire quelque effort, se faire quelque violence, s'habiller, et on préfère rester dans sa saleté et dans une paresse, une nonchalance et un *far-niente* impie.

« On ne se gêne pas plus avec les hommes ». Saluer, se lever, se détourner, céder le pas, sont des usages surannés. L'âge, le sexe, le rang n'ont plus de priviléges. N'a-t-on pas aboli les priviléges? Il en coûterait trop de porter la main au chapeau, de saluer un vieillard, un fonctionnaire, un prêtre! On ne veut plus se gêner avec personne ». Et voilà ce qu'est devenue cette civilisation qui faisait notre orgueil et nous mettait au premier rang des nations policées! Hélas! la barbarie va remplacer chez nous la politesse, le savoir-vivre et toutes les antiques bienséances, nées de la charité et de l'humilité chrétiennes.

« Malheureux donc sont ceux qui rejettent la sagesse et la discipline.... Leurs femmes sont insensées, dit le Sage, et leurs fils sont pervers (1). »

Français, écoutons donc le conseil du Sage qui nous dit : « Soumettez votre cœur au joug, et que votre âme embrasse la discipline (2); car elle sera pour nous une source de biens (3), comme l'indiscipline est une source de maux (4).

Les récents événements dont nous avons été les témoins et les victimes, ne nous ont que trop fait voir quelles conséquences funestes, quelles suites déplorables peut avoir l'indiscipline.

Cet esprit de révolte et d'insubordination, après avoir refusé à Dieu l'obéissance qui lui est due, a refusé de se soumettre à l'homme, et, fille de l'orgueil,

(1) *Mulieres eorum insensatæ sunt, et nequissimi filii eorum.* Sap. III, 12

(2) *Collum vestrum subjicite jugo, et suscipiat anima vestra, disciplinam.* Eccl. LI, 34.

(3) Prov. IV, 13.

(4) *Egestas et ignominia ei qui deserit disciplinam. Qui autem acquievit ei.... glorificabitur.* Prov. XIII, 18.

l'indépendance, s'est insurgée contre toute autorité humaine. Ainsi indiscipline des enfants à l'égard de leurs parents, indiscipline des élèves à l'égard de leurs professeurs, indiscipline des domestiques à l'égard de leurs maîtres, indiscipline des ouvriers à l'égard des patrons, indiscipline des inférieurs de tout ordre à l'égard des supérieurs de tout rang, voilà le triste tableau que présente partout la France. Puisse-t-elle bientôt en présenter un tout contraire, tout différent. Car si la discipline est, comme le dit l'Écriture, une loi, une condition de vie (1), l'indiscipline est nécessairement une cause et un principe de mort ; et avant la mort, elle est une source infaillible d'abaissement, de misère et de honte, selon cette parole de Job : » Vous avez éloigné leur cœur de la discipline ; aussi ne seront-ils point élevés en gloire (2). » Et cette autre du Sage : « Celui qui ne se soumet pas à la discipline tombera dans l'indigence et dans l'ignominie (3) », car ces paroles s'accomplissent aussi bien pour les nations que pour les individus.

(1) *Addidit illis disciplinam et legem vitæ hæreditavit illos.* Eccl., XVII, 9.

(2) *Cor eorum longè fecisti a disciplina, propterea non exaltabuntur.* Job, XVII, 4.

(3) *Egestas et ignominia ei qui deserit disciplinam ; qui autem acquiescit glorificabitur.* Prov., XIII, 18.

XXIII

DE LA FRANCE

« La France, a dit M. de Bonald, est l'aînée des sociétés de l'Europe. Ce souvenir, ajoute-t-il, arrache une réflexion douloureuse : Le retour à la barbarie suivrait-il le même ordre que la civilisation a suivi ? et la société qui s'est formée la première, serait-elle la première à se dissoudre ?

Parcourons son histoire, et nous verrons dans tous les temps ses prospérités et ses revers dépendre de son attachement à ses lois fondamentales (1). »

Quand l'illustre écrivain *traçait ces lignes*, quand il faisait la *réflexion douloureuse* qu'on vient d'entendre, *le fils infortuné de Louis XVI terminait*, comme il le dit lui-même, *dans l'obscurité d'une prison sa déplorable carrière*. C'était donc en 1795, que l'auteur de la *Théorie du pouvoir politique et religieux*, se demandait si la *société qui s'est formée la première*, *ne serait pas la première à se dissoudre*. Hélas, que d'événements depuis le 5 juin 1795, font craindre qu'il ne faille

(1) *Théorie du Pouvoir*, t. I, p. 309.

faire une réponse affirmative à la question que se posait l'éminent publiciste! par combien de vicissitudes ou de révolutions a passé, depuis cette date, notre malheureux pays! Gouvernement directorial, gouvernement impérial, restauration de la monarchie royale, retour de l'île d'Elbe, cent-jours, seconde restauration, révolution de 1830, seconde république, second empire, troisième république, affreuse lutte de la Commune à Paris en 1871! Que de gouvernements divers a eus la France, pendant cette période de quatre-vingts années! Et si, selon la remarque du judicieux écrivain, *les prospérités et les revers de la France ont toujours dépendu de son attachement à ses lois fondamentales*, nous verrons à quels revers elle a été en butte pour avoir violé ces mêmes lois.

» Elle est, depuis Charlemagne, le centre du monde civilisé et le point autour duquel tourne le système social de l'Europe. Aînée des nations chrétiennes, elle a vu successivement chaque état, à mesure qu'il s'élevait sur l'horizon politique, prendre sa place autour d'elle, et rendre hommage à la suzeraineté de ses mœurs, de ses exemples, de sa littérature, de sa langue surtout, et par conséquent de ses opinions, empire bien plus glorieux, et, si elle le *voulait*, bien plus durable que celui de la force et de la victoire. En un mot, destinée à tenir les rênes de l'Europe, elle a été punie de les avoir abandonnées (1). »

Oui elle a été punie d'avoir cessé d'être par la foi et par les autres vertus chrétiennes, la fille aînée de

(1) De Bonald.

l'Eglise ; elle a eté punie d'avoir cessé de répondre aux espérances qu'un pape (Anastase II) avait conçues d'elle en voyant dans le royaume de France nouvellement converti « *une colonne de fer que Dieu élevait pour le soutien de son Eglise* (1). Elle a été punie pour avoir cessé d'être le royaume très-chrétien ; pour avoir passé de Jésus-Christ à Voltaire, des immortelles espérances que donne le christianisme, aux « *désolantes doctrines* (2) » du néant.

Et comment a-t-elle été punie depuis les jours de sa défection, nous pourrions dire de son apostasie ?

Ah ! voyez dans ces jours d'horreur, les temples se fermer ou ne s'ouvrir que pour le scandale, le pillage et la profanation; voyez les prisons s'emplir et regorger ; voyez les échafauds s'élever de toutes parts; voyez les têtes les plus saintes, les plus augustes et les plus innocentes tomber par milliers sous le couteau du bourreau, ou sous le plomb de soldats assassins. Voyez des flottes entières emporter ses enfants dans des contrées lointaines pour les y faire périr ; voyez des noyades, des massacres, des fusillades de français, immolés par les mains d'autres français ; voyez toutes les contrées de l'Europe, la Belgique, la Hollande, toute l'Allemagne, l'Espagne, l'Italie, la Russie, l'Egypte même arrosées du sang de nos soldats ; voyez cette même France, trois fois vaincue et trois fois envahie ; voyez son or et son argent s'en aller par milliards dans les

(1) Anastas. II, epist. 2 ad Clod., t. IV Concil. Garth. — *Politique Sacrée*, p. 475.
(2) J. J. Rousseau.

coffres des vainqueurs. Voyez surtout ses enfants s'entre-battant, s'entr'égorgeant et, à plusieurs reprises, le sang coulant à flots dans les rues de sa capitale ; voyez en dernier lieu, la demeure de ses anciens rois, celle de leurs ministres, de splendides hôtels, des monuments superbes, des magasins immenses, des musées, des bibliothèques sans pareilles, réduits en cendres par des femmes et des enfants armés pour la destruction.... Voyez bien d'autres horreurs, et bien d'autres malheurs, qu'il serait, hélas ! trop long d'énumérer, et dites-moi si la France a besoin d'être châtiée !...

Le sent-elle ? En convient-elle ? S'humilie-t-elle sous la main puissante du Dieu qui est le maître des empires comme des individus ? Dit-elle comme les Juifs, vaincus aussi par leurs ennemis, et accablés sous le poids des fléaux qui les écrasaient : « nous sommes punis justement, *merito hæc patimur* (1) ? »

Hélas, tout nous donne lieu de croire, tout nous prouve même clairement que nous ne sommes pas convertis. Nos jours les plus saints continuent à être méconnus, profanés ; nos temples restent vides, infréquentés, et les chemins qui y conduisent continuent *à pleurer*, comme dit le prophète (2).

L'enfance n'est pas mieux élevée qu'auparavant. L'âge mûr ne remplit pas mieux ses devoirs religieux. La vieillesse ne songe pas plus que dans le passé à ses. années éternelles ; L'impiété continue à être enseignée dans les chaires de pestilence. La presse continue à éga-

(1) Gen. XLII, 21.
(2) Jérém. I, IV.

rer les esprits, à corrompre les cœurs et à semer la division. Le mandat de législateur est donné à des hommes bien peu dignes d'une telle mission. Les français ne perdent rien de leur présomption ni de leur inconstance.

> Le français né léger, passe du blanc au noir,
> Et condamne au matin ses sentiments du soir.

Vaniteux à l'excès et voulant toujours du nouveau, nous agissons généralement comme si le monde était d'hier. On dirait que l'esprit ne date qne ne notre époque et qu'avant nous, l'intelligence n'était pas inventée. Nous croyons avoir créé les arts, les sciences, les lettres. En politique, en agriculture, en stratégie, nous ne tenons aucun compte de l'expérience du passé. Moïse disait au peuple descendant d'Abraham : *interroga majores, et dicent tibi* (1). A nos yeux, les anciens n'étaient que des imbécilles ; l'esprit est né avec nous et seulement chez nous !...

Qu'est-il arrivé de là ? Que le Dieu qui *résiste aux superbes et qui donne sa grâce aux humbles* (2), *le* Dieu qui a dit : « *celui qui s'élève sera abaissé* (3), nous a terriblemeút humiliés. Puisse cette humiliation nous être salutaire ! et puisse le bien sortir pour nous du mal et l'élévation de la ruine !

Et en terminant ce chapitre *de la France*, nous serait-il permis de consigner ici une idée dont la mise à

(1) Deut. IV. 3.
(2) I Petr. v, 5.
(3) Luc. XVIII, 14,

exécution pourrait avoir, selon nous, d'excellents résultats pour l'avantage moral de notre chère patrie ?

Ce serait l'institution, dans chaque commune, d'un *Conseil des Anciens*, qui aurait surtout pour objet d'établir l'ordre et la paix dans les familles.

Un de nos torts, en France, c'est de ne pas assez respecter les vieillards.

Les anciens peuples, les Egyptiens, les Juifs, les Grecs et les Romains nous ont laissé, à cet égard, des exemples que nous n'avons pas imités, des préceptes que nous n'avons pas suivis (1).

On sait combien les vieillards étaient respectés à Sparte.

« Rien, dit Montesquieu, ne maintient plus les mœurs qu'une extrême subordination des jeunes gens envers les vieillards. Les uns et les autres seront contenus, ceux-là par le respect qu'ils auront pour les vieillards, et ceux-ci par le respect qu'ils auront pour eux-mêmes (2). »

Ce *Conseil* ou *Tribunal des Vieillards* serait institué et organisé par une loi.

Une loi déterminerait l'âge et le nombre de ses membres et les affaires qui seraient de son ressort.

La loi désignerait les peines qu'il pourrait infliger ;

(1) *Coram cano capite consurge, et honora personam senis.* Levit., 19-32.

Seniorem ne increpaveris, sed obsecra ut patrem. 1 Tim. 5-1.

Adolescentes, subditi estote senioribus. 1 Petr., 5-5.

Non te prætereat narratio seniorum, quoniam ab ipsis disces sapientiam. Ecclc., VIII, 9.

(2) *Esprit des Lois*, liv. V, chap. VII, p. 78.

car il ne pourrait avoir d'autorité qu'autant qu'il pourrait punir.

Nons soumettons cette idée à nos législateurs ; et nous persistons à croire qu'une telle institution ne pourrait avoir pour les mœurs et pour le bien des familles que d'excellents effets.

Car, faire partie de ce conseil serait uue prime donnée à une vie exemplaire. Les hommes les plus respectables ambitionneraieut cet honneur qui rejaillirait sur toute leur famille et surtout sur leurs enfants.

Le curé et le maire seraient de droit, à cause de leur dignité, membres de ce conseil, quel que fût d'ailleurs leur âge.

On n'entrerait pas dans ce conseil avant cinquante ans. Et il faudrait n'avoir jamais subi aucune condamnation afflictive ni infamante, avoir dans la localité un domicile d'au moins vingt ans.

Les époux violents qui maltraitent leurs femmes, les chefs de famille débauchés, les enfants majeurs qui n'assistent pas leurs parents dans le besoin, les fils indociles et indisciplinés, les femmes adonnées publiquement à l'ivrognerie, les mégères ou marâtres qui négligent ou maltraitent leurs enfants, etc., etc., seraient justiciables de ce tribunal, qui serait ainsi appelé à rendre de véritables et bien précieux services à notre pauvre société, si malade, hélas ! et si désespérée.

XXIV

DE PARIS

Jamais, même dans les jours de sa plus grande gloire, même lorsqu'il y a quatre ans, il attirait dans son enceinte, pour y visiter les produits de l'industrie et des arts réunis là, de tous les points du globe, les empereurs, les rois et les princes, les reines et les princesses, les savants, les artistes et les curieux du monde entier, jamais Paris n'a attiré sur lui les regards de l'univers comme il l'a fait depuis dix mois.

Quatre à cinq mois d'un siége sans exemple dans les annales de l'histoire, deux mois d'une famine atroce, deux mois de guerre civile telle que jamais le soleil n'en avait éclairé, ont appelé et fixé sur Paris l'attention du monde, plus que ne l'avaient jamais fait ses fêtes, ses grandes revues, ses monuments et ses expositions.

Paris est d'ailleurs à la France ce que Ninive fut à l'empire des Assyriens, Babylone à l'empire des Babyloniens, Rome à la république et ensuite à l'empire qui prirent son nom, et enfin Jérusalem à la Judée.

Paris est la tête de la France... mais quelle tête,

mon Dieu! depuis, surtout, que la philosophie impie l'a égarée et rendue folle!

Tous les maux de la France sont sortis de son cerveau.

Depuis quatre-vingts ans, cette ville n'a cessé d'agiter et de corrompre le reste de la France. Elle ne rêve que révolutions et que bouleversements, non-seulement pour la France, mais pour toutes les nations.

Il faut qu'elle porte partout sa torche incendiaire! Il faut qu'elle souffle partout, par ses productions, ses livres et ses journaux, son esprit d'impiété.

Elle est le rendez-vous de tout ce qui fait la guerre à Dieu et au genre humain, aux vérités et aux vertus. A un moment donné, il s'est trouvé dans ses murs deux cent mille hommes, femmes et enfants armés contre la société ; et l'on a vu le pétrole détruire des quartiers entiers et ensevelir sous les ruines de nos plus beaux monuments des monceaux de cadavres carbonisés, réduits en cendres!

Ah! son dernier souverain avait voulu faire, lui tout seul, pour l'embellissement de Paris plus que tous ses prédécesseurs n'avaient fait en douze ou quatorze siècles.

Dans le désir orgueilleux d'avoir une grande capitale, il en élargit démesurément l'enceinte ; il en porta par là la population à un million et demi d'habitants.

Il ne savait donc pas que plusieurs des rois, ses prédécesseurs, plus sages, mieux avisés et plus prudents que lui, avaient, au contraire, pris des mesures énergiques pour empêcher l'agrandissement de cette cité dangereuse, remuante et turbulente.

En 1549, sous Henri II, on redoutait tellement l'excessif accroissement de Paris, qu'un édit en fixa les bornes.

Louis XIV, le grand roi qui bâtit Versailles, Louis XIV renouvela la défense de bâtir au-delà de certaines limites « parce qu'il était à craindre, disent les lettres patentes de 1672, que la ville de Paris, parvenue à cette excessive grandeur, n'eût le même sort des plus puissantes villes de l'antiquité qui avaient trouvé en elles-mêmes le principe de leur ruine (1) ».

Outre l'agrandissement par l'annexion de la banlieue, l'empereur Napoléon III, par les travaux gigantesques qu'il fit exécuter, attira dans Paris deux cent mille ouvriers qui devenaient pour lui-même un péril menaçant.

Il est vrai que, pour le combattre, ce péril, il avait, en cas de besoin et par mesure de précaution, fait élargir et redresser les rues, afin de pouvoir aisément les balayer avec sa cavalerie, ses canons et ses mitrailleuses, puis construit de vraies forteresses sous le nom de casernes.

Mais à quoi tout cela lui a-t-il été utile le 4 septembre? A quoi tout cela lui a-t-il servi contre les quelques députés qui l'ont renversé du trône? Tout cela lui a servi comme les forts détachés et l'enceinte fortifiée servirent à Louis-Philippe en 1848.

Ah! c'est qu'il est écrit : *Si Dieu lui-même ne*

(1) Le président Hénault, cité par M. de Bonald. *Théorie du Pouvoir*, etc., tome I, p. 532.

devient le gardien de la ville, c'est en vain que la sentinelle veille à sa garde (1).

Et cette formidable agglomération d'ouvriers de tous les pays, accourus à Paris, qu'a-t-elle fait au jour des grandes épreuves, sinon donner une armée à Flourens, à Blanqui, à Félix Pyat, à Duval, à Rossel et à Wolowski, pour détruire ce qu'ils avaient fait, pour brûler et démolir ce qu'ils avaient édifié.

Ah ! Napoléon III a eu l'orgueil de dire à tous les souverains appelés des contrées du globe les plus lointaines pour voir son *Exposition*, les *Buttes-Chaumont*, le *Louvre* achevé par lui, ses magnifiques *Boulevards*, etc. : « C'est notre main puissante et non le Seigneur qui a fait toutes ces merveilles (2) », et voilà que la couronne est tombée de sa tête (3), que le sceptre s'est brisé dans sa main, que la partie du Louvre qu'il avait fait construire a été incendié, les *Buttes-Chaumont* ravagées et ses boulevards couverts de barricades.

Telle a été, de nos jours, la chute de celui qui voulait faire de Paris la reine des capitales, la cité incomparable.

Et cette ville elle-même, qu'est-elle devenue? Hélas ! ses ruines répondent ; et le sang qui a teint le pavé de ses rues n'est pas encore effacé, quand notre main trace ces lignes (4) !

(1) *Nisi Dominus custodierit civitatem, frustra vigilat qui custodit eam* Ps. CXXVI, 1.

(2) *Manus nostra excelsa, et non Dominus, fecit hæc omnia* Deut. XXXII, 27.

(3) *Cecidit corona capitis nostri.* Thren. V, 16.

(4) Le 13 juillet 1871.

Ah ! Paris a offensé Dieu plus qu'aucune autre ville des temps modernes, et Paris a été châtié plus aussi qu'aucune autre ville !

Il a naguère élevé une statue à celui qu'il avait criminellement acclamé en 1778 et dont un grand écrivain a dit avec raison : « *Paris le couronna... Sodome l'eût banni* ! (1). » L'abomination de la désolation a été naguère dans plusieurs des temples du Seigneur profanés et pillés par les athées du dix-neuvième siècle. On a entendu dans des clubs et même dans des chaires chrétiennes des blasphèmes tels que l'enfer n'en avait jamais vomi. La sépulture des morts a été violée. Un archevêque et plus de trente prêtres inoffensifs sont tombés sous les balles des assassins !

Et Paris ne paraît plus y penser ! Il semble avoir déjà oublié tous ses crimes et tous ses maux. Quelle expiation a-t-il faite ? Quelle satisfaction a-t-il offerte à la justice divine ?

Ah ! Paris est plongé jusqu'au cou dans l'abime de l'impiété. Il choisit pour représentants, pour administrateurs des hommes dont plusieurs n'ont à ses yeux pour premier titre à la confiance et au suffrage des électeurs que leur impiété bien connue, bien notoire et leur hostilité contre toute religion !

Paris veut donc se suicider ! Et qui pourra l'en empêcher ? Qui peut empêcher un fou d'aller, quand l'idée lui en vient, se jeter dans la Seine ou se précipiter du haut d'une maison dans la rue ? Paris se joue de Dieu ! .. il défie Dieu !... mais qu'il tremble de voir le

(1) Le comte de Maistre. *Soirées de Saint-Pétersbourg*.

retour des malheurs qu'il a essuyés ! Qu'il tremble d'en voir de plus grands encore !... Il se rit, nous le savons, des menaces qu'on peut lui faire et des terreurs salutaires qu'on cherche à lui inspirer ! Mais Sodome se rît peut-être aussi des menaces de Dieu !..... Ninive, Babylone, Jérusalem se moquèrent peut-être aussi des prédictions sinistres faites contre elles... Et on sait ce que sont devenues ces cités.

Quant à nous, nous tremblons pour Paris en lisant dans une des prophéties faites par le Seigneur contre Jérusalem :

« Malheur à la cité orgueilleuse qui est assise dans la plus fertile des vallées ! malheur à cette reine des villes d'Israël, la gloire d'Ephraïm et l'objet de sa vaine complaisance ! malheur à ses coupables habitants qui se plongent, nuit et jour, dans une honteuse crapule ! Le Dieu puissant et redoutable qu'ils ont abandonné va fondre sur eux comme un orage terrible. La couronne dont s'enorgueillit Ephraïm sera arrachée de sa tête et foulée aux pieds. Toute la gloire d'Israël sera comme une fleur fanée, qui tombe par terre, ou comme un fruit précoce qu'on dévore avidement (1). »

Et cette autre :

« Malheur à Jérusalem !... au jour que j'ai marqué, je t'environnerai de tranchées ; j'élèverai des forts ; je dresserai des machines pour battre tes murailles ; je te tiendrai assiégée de toutes parts. Alors tu seras dans la désolation, dans la douleur et l'humiliation. Couchée dans la poussière, tu feras entendre une voix

(1) Isaïe, chap. XXVIII.

faible et gémissante qui semblera sortir du sein de la terre comme celle d'une pythonisse. Tu seras pour moi un autel sanglant sur lequel j'immolerai les ingrats qui ne cessent de m'outrager. Tes ennemis seront aussi nombreux que les grains de poussière que le vent disperse dans l'air ou que les étincelles qui s'élèvent d'un incendie.

» ..... Le spectacle de toutes ces nations conjurées contre toi, occupées à te livrer des assauts, à saper tes murs, à presser ta ruine, te paraîtra comme un de ces songes funestes dont on est agité pendant la nuit.

» Toutes les espérances flatteuses dont tu te repaissais s'évanouiront à la vue de cette multitude innombrable d'assiégeants ; et tu seras comme un homme qui, ayant cru, pendant son sommeil, assister à un splendide festin, n'en éprouve que plus vivement la faim et la soif à son réveil (1). »

Que Paris s'épure donc de l'élément révolutionnaire et anti-chrétien. Qu'il se retrempe dans les principes et les vertus du christianisme ; sans quoi il verra infailliblement que ce qu'il a souffert en 1870 et 1871, tant des ennemis du dehors que de ceux du dedans, n'était que le commencement de ses maux, *initium dolorum hæc* (2).

(1) *Ibid.*, chap. XXIX.
(2) Marc, X, 13.

XXV

PROPHÉTIES ET PRÉDICTIONS

Rien, a-t-on dit, n'est brusqué dans le monde matériel ni dans le monde moral.

Dans la nature, l'étoile du matin précède l'aurore, et celle-ci le lever du soleil.

Le soir, le crépuscule annonce et devance les ombres de la nuit. Les feuilles et les fleurs précèdent les fruits. Les nuages sont les précurseurs ordinaires de l'orage, et le tonnerre, lui, annonce de loin son approche.

De légères oscillations se font toujours sentir avant les grandes secousses des tremblements de terre, et des étincelles jaillissent du sommet des volcans, avant les éruptions considérables du cratère.

Dans le monde moral, tous les grands événements ont été annoncés à l'avance par des révélations surnaturelles ou divines qu'on appelle *prophéties*, et qui ont fait donner le nom de *prophètes* à ceux qui en ont été favorisés.

Mais, outre ces hommes, certainement inspirés et éclairés d'en haut par une lumière surnaturelle, outre ces hommes qui, pour les juifs et les chrétiens ont reçu, touchant l'avenir, les confidences de Dieu même, plusieurs esprits marquants, plusieurs hommes éminents par leur intelligence ont, par la force de leur raison, pressenti et annoncé, dans tous les temps, les événements futurs, qui avaient leur principe, leur racine dans les faits contemporains. Dieu a levé pour eux, ou ils ont levé eux-mêmes par leur pénétration et leur clairvoyance un coin de cet épais et mystérieux rideau qui cache à nos regards les secrets de l'avenir.

Terminons notre livre par la citation et la réunion dans un seul et même chapitre de quelques prédictions et prophéties qui ont plus ou moins trait aux événements présents ou futurs pour la France et l'Europe.

Et d'abord commençons par une prophétie authentique et sacrée, tirée de nos livres saints, et dont nos lecteurs feront aisément l'application aux circonstances actuelles :

« Seigneur, vous avez frappé ce peuple rebelle ; il s'est montré insensible à vos coups. Vous les avez redoublés... il n'en a pas été plus docile. *Il s'est fait un front d'airain, et s'est obtiné dans sa révolte.* Alors j'ai dit en moi-même : « Peut-être que ce peuple ne s'égare
» que faute de lumière... j'irai donc trouver les chefs,
» les grands de la nation. Plus éclairés sur leurs obli-
» gations, ils reconnaîtront mieux leur injustice, et mes
» reproches les rappelleront à leurs devoirs. Vaine es-
» pérance !... ce sont eux qui ont brisé avec le plus d'in-
» solence le joug du Seigneur. C'est pour cela qu'un
» lion furieux sortira de la forêt pour les dévorer ; qu'un
» loup affamé fondra sur eux dans les ténèbres ; qu'un

» léopard avide de sang se tiendra en embuscade aux » portes de leurs villes : quiconque en sortira lui ser- » vira de pâture (1). »

Le Seigneur nous a frappés... ses coups ont été terribles... nous en sommes tout meurtris... sommes-nous corrigés ? Tout ce qui se passe sous nos yeux nous dit : non ! non ! le peuple ne change pas ! il ne revient ni à Dieu ni à l'observation de ses commandements. Nos chefs, nos *grands*, ceux qui sont à notre tête reconnaissent-ils leurs torts ? Les reproches de Dieu les rappellent-ils à leur devoir ? non encore ! et la plupart d'entre eux s'enfoncent de plus en plus dans la mauvaise voie ; ils égarent de plus en plus le peuple qui les suit. Devons-nous nous étonner qu'*un lion furieux soit sorti de la forêt pour nous dévorer ;* qu'*un loup affamé ait fondu sur nous dans les ténèbres*... Devrions-nous même être surpris de le voir revenir et se tenir en embuscade aux portes de nos villes, comme on dit qu'il le fait (2) ?

Voici maintenant comment, treize ans avant la Révolution, le P. Beauregard, jésuite, qui devinait l'avenir, dit Feller, s'exprimait à *Notre-Dame* : « Oui, Seigneur, oui, vos temples seront dépouillés et détruits ; vos fêtes abolies, votre nom blasphémé, votre culte proscrit ! mais qu'entends-je, grand Dieu ! Que vois-je ? Aux saints cantiques que faisaient retentir ces voûtes sacrées en votre honneur, succèdent des chants lubri-

(1) Jérem. v.

(2) Voir sous la rubrique ***Prévisions de la Prusse***, une correspondance de Berlin publiée par le ***Journal de Genève***, et datée du 4 juillet 1871. (***Progrès national de l'Aube***, 14 juillet même année.)

ques et profanes. Et toi, divinité infâme du paganisme, impudique Vénus, tu viens ici même prendre audacieusement la place du Dieu vivant, t'asseoir sur le trône du Saint des Saints, et recevoir l'encens coupable de tes nouveaux adorateurs. »

Cette prédiction ne s'est-elle pas accomplie de point en point en 1793 ? Et ne l'avons-nous pas vue s'accomplir de nouveau, du moins en partie, dans l'insurrection de Paris en 1871 ? N'a-t-on pas vu alors, dans quelques églises de cette cité, des *communardes*, nues jusqu'à la ceinture, débiter du haut de la chaire sacrée, la morale du *Père-Duchesne*, celle du *Bonnet-Rouge* et celle de M. Deschanel ?

De son côté, M. de Bonald, auquel Napoléon Ier *(qui se connaissait en hommes)* offrait de faire l'éducation de son fils, le roi de Rome, M. de Bonald écrivait sur la fin du dernier siècle :

« ..... Il me semble que le grand rideau se lève et que le présent et le passé me dévoilent l'avenir.....

» Si la révolution générale (dont la société est *grosse*) est impossible par le retour immédiat du christianisme au polythéisme, la révolution, au moins partielle, du christianisme à l'athéisme extérieur et social, ou à l'abolition de tout culte public est malheureusement possible, parce qu'elle est conforme à la nature dépravée de l'homme ou à ses passions et à la nature dépravée de la société ou à sa déconstitution. Cette révolution doit arriver, lorsque la raison de l'homme sera égarée par les passions, et la société dissoute par l'extinction du *pouvoir* social ou général.

» Le projet de cette révolution existe, et n'est pas

un secret ; l'exécution en est commencée depuis longtemps, et son succès n'est pas une chimère.....

» Le projet de républicaniser l'Europe est donc le projet d'y introduire l'athéisme, ou le projet d'introduire l'athéisme, celui de la républicaniser . . . .

» Or, ce projet a existé, et, qu'on ne s'y trompe pas, il existe encore ; il n'est pas abandonné, et, quelle qu'en soit la cause, il ne le sera jamais. A des mesures exagérées qui ne convenaient plus (la guillotine, les pontons, les noyades, Cayenne) ont succédé des moyens plus doux, qui conviennent beaucoup mieux.

. . . .

» L'Europe semble donc être la première réservée à nne révolution dont toutes les promesses des charlatans qui l'endorment, ou des imbéciles qui la trompent, après s'être trompés eux-mêmes, ne détourneraient pas les suites épouvantables.

» Tous les désordres des temps anciens, et de plus grands encore, résulteraient infailliblement et de la multiplicité des passions que les institutions républicaines seraient impuissantes à comprimer et de la destruction ou de l'amoindrissement du *Pouvoir*.

Les mœurs (nous en verrons bientôt la preuve) périraient avec la religion ; les arts périraient avec les mœurs ; les sciences, et, par conséquent, l'art militaire, se perdraient dans cette confusion générale ; et l'Europe affaiblie, épuisée, comme elle le fût à la chute de l'empire romain, offrirait une proie facile à ces peuples que la nature recèle dans les vastes plaines de l'Asie septentrionale, et qu'elle réserve à de grands desseins.

» A juger de l'avenir par le passé, les déchirements effroyables qu'éprouva l'empire romain par les inondations successives de barbares, et sa dépopulation presque universelle, se répéteraient sur la malheureuse Europe ; les mêmes peuples qui se faisaient appeler *les fléaux de Dieu* viendraient la punir d'avoir oublié la divinité, comme ils la punirent alors d'en avoir défiguré l'idée.

» Que le philosophe qui serait tenté de m'accuser de faiblesse, et mes idées d'exaltation, écoute Rousseau, et qu'il admire comment il est ramené à la même conséquence par la force des principes. « Les Tartares, dit-il, deviendront nos maîtres ; cette révolution me paraît infaillible, tous les rois de l'Europe travaillent de concert à l'accélérer. »

» Je n'ai considéré les effets de cette révolution que dans une partie de l'univers ; mais si l'on suppose les ténèbres de l'athéisme répandues sur toute la surface de la terre, on sera conduit forcément à des conséquences bien importantes, et j'ose dire bien nouvelles.

. . . .

» Jamais il ne s'offrit un sujet plus important à l'attention des hommes d'État et aux méditations des rois. Tandis qu'une politique sans élévation et sans vues s'applaudit du succès de ses intrigues, qu'elle jouit des troubles qu'elle a causés, et combine les moyens d'en causer de nouveaux, l'insensée ne voit pas l'athéisme s'avançant à pas lents, se glissant dans le désordre et étendant sur l'Europe son crêpe funèbre.

. . . .

» On a trop séparé, jusqu'à présent, la politique de

la religion. Quelques écrivains qui n'étaient que théologiens, n'ont pas assez considéré la société religieuse dans ses rapports avec la société politique ; d'autres écrivains, qui n'étaint pas même politiques, ont considéré la société politique sans aucun rapport avec la société religieuse. Quand on traite de la société civile, qui est la réunion de la société politique et de la société religieuse, il faut, sous peine de s'égarer, considérer la société politique sous le point de vue de la religion, et la société religieuse sous le point de vue du gouvernement politique; traiter, pour ainsi dire, la politique en théologien et la religion en politique.

. . . .

» Je parcours les fastes de l'Europe philosophe à travers le voile transparent des événements ; je découvre des horreurs calculées, des forfaits raisonnnés, de sombres et affreuses vengeances, des machinations infernales

Et des crimes peut-être inconnus aux enfers.

» Voilà l'homme de la philosophie, me dis-je ; ce sont les crimes de son esprit dépravé. Le cœur s'emporte et éprouve des remords... L'esprit combine, et ne peut éprouver de regret que celui d'avoir mal combiné. Les forfaits que je vois me font frémir sur ceux que je ne fais que soupçonner. L'amour de l'homme n'est plus dans le cœur où la religion l'avait placé ; il en est sorti avec elle. C'en est fait ! le bonheur de la société, la conservation de l'espèce humaine ne sont plus qu'une opération de l'esprit... un problême (1). »

(1) *Théorie du pouvoir*, tome I, page 347.

Que de réflexions peut inspirer ce passage !

Le grand rideau ne s'était-il pas, en effet, tiré pour le profond et pieux observateur ? Le présent et le passé ne lui dévoilaient-ils pas bien l'avenir ? Cette révolution du christianisme à l'athéisme extérieur et social ou à l'abolition de tout culte, et que le grand philosophe regardait comme malheureusement possible, n'est-elle pas le vœu et l'objet des efforts de plusieurs, et n'est-elle pas en train de se consommer ? Et si, dans la pensée du clairvoyant écrivain, elle doit arriver, lorsque la raison de l'homme sera égarée et la société dissoute par l'extinction ou l'amoindrissement du *pouvoir* social ou général, ce moment n'est-il pas arrivé ? et n'en sommes-nous pas là ? La religion, les mœurs, les arts et la science militaire elle-même ne sont-ils pas *en baisse ?* Ne périclitent-ils pas? et les descendants des barbares qui se faisaient appeler *les fléaux de Dieu* ne sont-ils pas venus nous punir d'avoir oublié la divinité ?

Et cependant *une politique sans élévation et sans vue laisse l'athéisme s'avancer à pas lents, se glisser dans le désordre, et étendre sur l'Europe son crêpe funèbre !*

La séparation de l'Eglise et de l'Etat, demandée par un si grand nombre d'électeurs et d'élus, n'est pas autre chose que l'athéisme avec toutes ses conséquences.

Ah ! si, il y a cinquante ans, l'auteur de la *Théorie du Pouvoir*, découvrait *à travers le voile transparent des événements, des horreurs calculées, des forfaits raisonnés, de sombres et affreuses vengeances, des machinations infernales*

Et des crimes peut-être inconnus aux enfers,

ne dirait-on pas qu'il lisait à livre ouvert, dans l'avenir, et qu'il y voyait clairement, et comme présents, les malheurs de Paris en mai 1871 ? et n'est-ce pas, surtout de nos jours, n'est-ce pas, surtout en France, que, grâce à la philosophie et à ses désastreux principes ! « l'amour de l'homme n'est plus dans le cœur où la religion l'avait placé et que le bonheur de la société et la conservation de l'espèce humaine ne sont plus qu'une opération de l'esprit..... un problème ! »

En 1828, un autre profond penseur qui depuis....... (mais alors c'était un lion dans la tribu de Juda), Lamennais, fit un livre intitulé : *Progrès de la Révolution*. Nous ne doutons pas qu'en signalant ce qu'il voyait, comme tout le monde, il n'ait aussi entrevu dans l'avenir de grands malheurs, qu'il n'ait vu des *points noirs*, gros d'affreuses tempêtes ; mais à la fin d'un des chapitres du premier volume de son *Essai sur l'Indifférence*, etc., il dit :

« Et maintenant, peuples entendez. De l'abime de malheurs où vous a précipités votre crédule confiance en une fausse sagesse, mère du désordre et de la mort, écoutez la religion qui vous crie : « Venez à » moi, vous tous qui travaillez vainement à renaître, » vous qui succombez sous le fardeau des institutions » humaines et des doctrines du néant, nations mou- » rantes, venez à moi ; abandonnez ces médecins trom- » peurs qui vous promettent la force et ne savent » qu'user celle qui vous reste, dans de douloureuses » convulsions. Venez, hâtez-vous, le temps presse : » chaque jour la vie s'affaiblit en vous ; la corruption » gagne ; la dissolution se consomme ; bientôt vous ne

» serez plus qu'un cadavre infect: venez à moi, et je » vous récréerai: *venite ad me, omnes qui laboratis* » *et onerati estis, et ego reficiam vos* (1). »

Enfin le grand évêque d'Orléans a réellement prophétisé dans sa brochure intitulée : *Des malheurs et des signes du temps.*

Dans celle qui a pour titre : *L'athéisme et le péril social*, il s'écrie : « J'ai vu à l'œuvre la presse antichrétienne..... j'ai vu comment cette presse parle chaque jour à la société française, de quelles doctrines elle abreuve, par quels sophismes elle égare, *vers quels abîmes elle pousse.*

. . . .

« L'heure est solennelle. Nous touchons à une crise dont le dénouement, quel qu'il soit, sera mémorable dans l'histoire. »

« Je montrerai les plus funestes doctrines faisant explosion à la faveur d'une politique révolutionnaire, les grandes écoles de radicale impiété, l'athéisme, le matérialisme et les théories les plus subversives de toute morale s'étalant avec audace, se propageant avec une ardeur redoublée par l'espérance d'un triomphe impie et menaçant de déborder comme un torrent, quand la dernière digue aura été rompue . . . .

. . . .

Puis je dirai, et, je l'espère, avec une clarté qui ne permettra plus qu'aux aveugles de ne pas voir quelles sont les conséquences sociales, inévitables *et prochaines peut-être*, d'un pareil mouvement d'impiété. »

(1) Matth. XI, 28.

Eh bien ! sommes-nous tombés dans les abîmes prévus ?... La crise dont le dénouement devait être mémorable dans l'histoire a-t-elle eu lieu ?... La dernière digue a-t-elle été rompue ?..... Le torrent a-t-il débordé ?... Et a-t-on vu les conséquences sociales inévitables de l'athéisme, conséquences alors prochaines, maintenant écloses à Paris dans le mois de mai 1871 ? Et l'éminent prélat dit encore en terminant : « Où allons-nous, je le demande, où allons-nous, si tout ce travail d'impiété et d'immoralité (qu'il vient de signaler) continue ? Je réponds avec une profonde conviction ; nous marchons à un cataclysme social. »

Et l'illustre évêque le prouve dans les trente dernières pages de sa brochure..... mais deux cent mille insurgés ne l'ont-ils pas mieux prouvé encore dans les murs de Paris, moins de cinq ans après l'apparition de cette brochure ? et *l'Internationale* n'annonce-t-elle pas hautement qu'elle le prouvera par des preuves encore plus convaincantes et plus fortes, dès qu'elle le pourra, ce qui, dit-elle, ne tardera pas beaucoup.

Ah ! ce n'est plus à des rois, ou empereurs portant sceptre et couronne, mais à nos Législateurs, à nos Représentants, que nous dirons avec le langage de nos livres saints : « Et maintenant, comprenez ! instruisez-vous, vous qui tenez entre vos mains le sort » de notre pays (1). Vous faites des lois, des règlements ; vous vous préoccupez d'une constitution durable (royauté ou république). Pour qui ? Pour une » nation qui est tout entière sur un volcan ! Demain

(1) Ps, II. 10.

» peut-être se fera une explosion qui engloutira tout!
» Eteignez donc avant tout le cratère... mettez un frein
» aux mauvaises passions. Empêchez la diffusion des
» doctrines anti-religieuses et anti-sociales.

Rompez, rompez tout pacte avec l'impiété.

» Ne vous contentez pas d'un ordre matériel, qui
» est peu de chose ; mais fondez solidement l'ordre
» moral qui est le principal appui, la base des sociétés.
» Nos destinées sont dans vos mains... Malheur à vous!
» Malédiction à vous, si vous nous perdez! Et, au con-
» traire, amour, bénédiction si vous nous sauvez! »

FIN

TABLE DES MATIÈRES

FIN DE LA TABLE DES MATIÈRES

Troyes, imprimerie BRUNARD, rue Urbain IV. 85

www.ingramcontent.com/pod-product-compliance
Ingram Content Group UK Ltd.
Pitfield, Milton Keynes, MK11 3LW, UK
UKHW012214240726
13966UKWH00002B/752

9 782012 487840